TEMPS DE PAROLE

ALBIN
WAGENER

BLABLABLA

EN FINIR AVEC LE BAVARDAGE CLIMATIQUE

le Robert

Direction éditoriale : Bérengère Baucher
Édition : Valérie de Swetschin
Conception graphique et illustration de la couverture ; conception graphique de l'intérieur : Justine Dupré (Studio l'ours)
Réalisation graphique de l'intérieur : Alinéa
Correction : Nathalie Rachline
Fabrication : Nicolas Zeifman

ISBN 978-2-32101-868-1
ISSN 2608-9114

REMERCIEMENTS

Merci à Pauline, qui a inspiré l'écriture de ce livre, et nourrit au quotidien mon engagement sur les thématiques environnementales.

Un immense merci à Valérie Masson-Delmotte, qui a eu la générosité de bien vouloir rédiger la préface de cet ouvrage. Son travail est essentiel, nécessaire et précieux.

Un grand merci à toute l'équipe du média parodique *Malheurs Actuels*, dont j'ai la chance de faire partie : Romain, Andrea, Florian, Cyrielle, Mathieu, Gabie, Emmanuel, Hugo, Thomas, Philippe, Cédric, Nora, Thibaut, Clément et tous les autres.

Un merci du fond du cœur à toutes les personnes fabuleuses que j'ai eu la chance de croiser ou de suivre depuis quelques années maintenant, et qui se battent au quotidien pour l'écologie : Alma Dufour, Lumir Lapray, Thomas Wagner, Saya Saulière, Loup Espargilière, Juliette Quef, Mathilde Caillard, Clément Sénéchal, Paloma Moritz, Salomé Saqué, Claire Pétreault, Camille Étienne, Julie Henches, Marine Denis, Benjamin Jullien, Claire Meyer, Charlotte Daviau – et toutes celles et ceux que j'oublie, mais que j'admire tout autant.

Merci enfin à Bérengère Baucher pour son accompagnement éditorial stimulant, et à Valérie de Swetschin pour sa relecture bienveillante.

Ce livre est dédié à mes filles Rebecca et Tallulah. Puissent-elles participer à la construction d'un monde meilleur.

PRÉFACE

Le constat scientifique est clair[1]. Il est maintenant établi, sans équivoque, que le réchauffement planétaire en cours, qui a atteint au cours de la dernière décennie 1,1 °C de plus qu'à la fin du XIXe siècle, est dû aux conséquences des activités humaines, *via* nos rejets massifs et toujours croissants de gaz à effet de serre – et cela malgré une action pour le climat qui monte en puissance. Cette situation est le résultat de modes de développement, d'utilisation de l'énergie et des terres, de production, de consommation, et de styles de vie non soutenables.

Dans tout le système Terre, cela entraîne des changements rapides, généralisés, inédits – en rupture par rapport

1. Comme en attestent les différentes publications du GIEC notamment, et plus particulièrement les rapports publiés en 2021 et 2022 : ipcc.ch/languages-2/francais/publications.

à la variabilité naturelle passée du climat. Ces changements s'intensifient, et le rythme de montée du niveau de la mer a accéléré depuis les années 1990. Chaque région du monde est affectée de multiples manières, notamment par des évènements extrêmes (chaleurs, pluies diluviennes, sécheresses agricoles) de plus en plus fréquents, et « dopés » par un climat plus chaud[2].

Cela pose des enjeux majeurs de transformations. Il peut s'agir de transformations subies, lorsqu'en dépit des efforts d'adaptation, les impacts s'aggravent pour la nature et les conditions de vie de milliards de personnes, entraînant des pertes et des dommages croissants. Ces impacts et risques sont de plus en plus complexes et difficiles à gérer, pour certains irréversibles, et vont s'intensifier pour chaque dixième, chaque demi-degré de réchauffement supplémentaire.

Il peut s'agir de transformations choisies, quand les connaissances sur les impacts et risques futurs sont intégrées dans la prise de décision d'aujourd'hui, de sorte à renforcer notre résilience, pour limiter les conséquences inévitables d'un climat qui se réchauffe, par des actions d'adaptation transformatrices. S'il existe des options d'adaptation qui sont efficaces et faisables, certaines d'entre elles perdent néanmoins en efficacité à mesure de la poursuite du réchauffement, avec des limites dures.

---

2. Voir à ce titre le site du World Weather Attribution : worldweatherattribution.org.

Bousculer le *statu quo*

Pour parvenir à juguler les risques liés au climat, l'adaptation est indispensable, mais ne suffit donc pas – il est crucial de pouvoir limiter l'ampleur du réchauffement en agissant sur ses causes. Cela demande de réduire fortement les émissions de dioxyde de carbone (associées à l'utilisation de charbon, pétrole et gaz, et la déforestation) pour atteindre des émissions mondiales au moins égales à zéro net, et réduire aussi les émissions des autres gaz à effet de serre, notamment celles de méthane. Même en cas de très forte diminution de ces émissions, le climat continuera à dériver tant que les émissions de dioxyde de carbone ne sont pas à zéro net, mais une stabilisation serait discernable en une vingtaine d'années. Ainsi, le réchauffement atteindra 1,5 °C dans les vingt prochaines années, et il reste possible de le limiter largement sous 2 °C et proche de 1,5 °C – mais uniquement par un fort renforcement de l'action chaque année à venir. Plus cela tarde à être mis en œuvre, plus cela va acter des incréments[3] supplémentaires de réchauffement, ce qui intensifie les conséquences immédiates, mais aussi à long terme, par exemple l'ampleur et la vitesse de montée du niveau de la mer. Plus on choque le climat, plus l'incertitude augmente : les puits naturels de carbone (océans, végétation et sols) qui actuellement absorbent plus de la

3. Ces incréments correspondent à des dixièmes ou des demi-degrés supplémentaires dans le processus de réchauffement du climat.

moitié de nos émissions de dioxyde de carbone, perdent en efficacité dans un climat plus chaud.

Accélérer l'action pour le climat est critique pour un développement soutenable, avec des menaces croissantes pour le bien-être humain, la santé planétaire et la biodiversité. Il existe un écart considérable entre les besoins d'adaptation et ce qui est réellement mis en œuvre, et un écart considérable entre les trajectoires de baisse d'émissions permettant de tenir les objectifs de l'Accord de Paris sur le climat de 2015, les engagements des différents pays, et leur mise en œuvre effective. Pourtant, différentes options sont disponibles dans chaque secteur qui permettraient de diviser par deux les émissions mondiales de gaz à effet de serre, en engageant des transitions de tous les grands systèmes (énergie, villes et infrastructures, alimentation et gestion des écosystèmes, industrie et déchets), et en transformant nos choix de société, en évitant des demandes en énergie, matériaux, terres tout en assurant le bien-être de chaque personne, *via* des transitions justes. Cela implique également une capacité collective à transformer nos pratiques, à construire de nouveaux mécanismes de délibération, de gouvernance inclusive, de coopération, de nouveaux cadres institutionnels, une réorientation des financements, qui intègrent ces enjeux environnementaux.

Chaque volet de solutions peut bousculer le *statu quo*, par le déploiement de nouvelles technologies, par le fait de s'appuyer sur les écosystèmes et, enfin, par les enjeux de sobriété et de justice climatique. Chaque facette de ces transformations peut faire face à de multiples obstacles : les rapports de force dans la société et les effets de verrouillages de choix antérieurs ; un manque de connaissances et de compréhension des enjeux et de l'urgence à agir ; un manque de ressources financières et de compétences ; un manque de volonté politique ou de cohérence des politiques publiques ; et les sentiments d'injustice.

Le poids des habitudes, des valeurs enracinées, constitue évidemment un obstacle majeur face aux transformations nécessaires pour parvenir à infléchir nos trajectoires de développement vers la résilience et une économie zéro carbone, avec à la fois une urgence à agir et de multiples capacités à agir. L'appropriation par nos sociétés des enjeux liés au climat passe par une évolution des normes culturelles et sociales, par l'émergence de nouveaux récits, et par différents discours d'action ou qui visent à cristalliser le *statu quo*.

Depuis trente ans, les politiques publiques déjà mises en place ont permis d'éviter de rejeter, chaque année, près de 6 milliards de tonnes de gaz à effet de serre (en équivalent dioxyde de carbone) par an, soit 10 % des émissions mondiales. Dans une trentaine de pays, les émissions ont passé un pic avant d'engager une diminution nette, comme en France, où les émissions de dioxyde de carbone par habitant ont été divisées par deux depuis les années 1970. Changer d'échelle cette décennie est critique pour parvenir à limiter les risques liés au climat.

Discours d'action et d'inaction

Ce rapide tour d'horizon des connaissances scientifiques met en évidence à quel point chaque incrément de réchauffement, chaque tonne de dioxyde de carbone, chaque année, et chaque choix comptent.

Mais comment nos sociétés s'approprient-elles ces enjeux ? Comment perçoivent-elles les impacts du changement climatique, les enjeux de transformations ? Nous voyons-nous comme acteurs ou spectateurs ?

Souvent, j'utilise l'image d'un tableau impressionniste : chaque actualité, chaque discours, chaque information correspond à une petite tache de couleur, à laquelle il est difficile de donner sens. Prendre du recul permet de situer chaque touche de couleur dans une image d'ensemble et d'y donner sens. C'est l'un des enjeux de la « littéracie climatique[4] » : monter en connaissances pour comprendre les causes, les conséquences, les implications et les leviers d'action.

Depuis des décennies, le constat n'a fait que s'affiner, et les enjeux de transformation font l'objet de multiples débats dans nos sociétés, reflétant à la fois la montée en puissance des enjeux pour le climat, de multiples engagements,

4. Selon *Le Petit Robert*, la littéracie est « l'aptitude à lire et à comprendre un texte simple, à communiquer une information écrite dans la vie quotidienne ». La « littéracie climatique », quant à elle, décrit les connaissances permettant de comprendre comment nous influençons le climat, et quelles en sont les conséquences, et les compétences permettant d'évaluer la crédibilité d'informations liées au changement climatique, et de prendre des décisions informées et responsables. Source : climate.gov/teaching/climate.

notamment des plus jeunes, mais aussi un ensemble de discours qui visent à retarder ces transformations.

Ces discours ont pris au cours du temps des formes différentes. À partir des années 1980, des coalitions financées par les industries des énergies fossiles ont mené un vaste travail de sape des relations entre science et société dans le but de retarder des actions résolues par un déni de la réalité du changement climatique, du rôle des activités humaines, de la gravité des risques. De tels discours sont maintenant perçus comme caricaturaux face aux réalités. Les discours d'inaction prennent alors d'autres formes, visant à saper à la fois l'urgence à agir (en détournant les responsabilités, en visant à donner l'illusion d'une action tout en favorisant des mesures marginales) mais aussi la capacité à agir (avec des discours de renoncement ou une exacerbation des effets indésirables de chaque levier d'action) paralysant les initiatives et fournissant autant d'alibis à ne rien changer. De nouvelles formes de militantisme, plus radicales, émergent également, cherchant à renouveler l'attention médiatique, et suscitant des réactions souvent clivantes.

Devant la confusion que peut provoquer cette polyphonie de discours, le livre d'Albin Wagener donne des clés ancrées dans les humanités environnementales pour en décrypter les ressorts narratifs et appeler à faire sens de ces bouleversements afin d'en devenir pleinement acteurs.

Valérie Masson-Delmotte[5]

5. Valérie Masson-Delmotte est paléoclimatologue. Elle est directrice de recherche au CEA et coprésidente du groupe de travail n° 1 du GIEC depuis 2015.

INTRODUCTION : DIRE L'URGENCE CLIMATIQUE

Constats du GIEC et réactions : le grand décalage

Depuis sa création en 1988, le Groupe d'experts intergouvernemental sur l'évolution du climat (GIEC) a produit beaucoup de rapports qui ont permis de faire le point sur l'avancée des recherches en lien avec le changement climatique. En compilant des études de disciplines variées, en croisant les données afin de proposer des documents à destination des chefs d'État et des dirigeants, le GIEC est ainsi devenu, graduellement, l'une des instances intergouvernementales et scientifiques les plus respectées dans son domaine. En outre, malgré les quelques résistances que rencontrent parfois ses rapports, le consensus s'est confirmé d'année en année : l'origine anthropique du bouleversement climatique (c'est-à-dire le fait que l'espèce humaine en soit à l'origine) ne peut désormais plus être remise en question. Pourtant, malgré le fait que des scientifiques du monde entier étudient et analysent chaque aspect du réchauffement climatique, et alors même que les résultats transmis par le GIEC sont clairs, nos sociétés et nos gouvernements peinent à agir.

Ces études scientifiques rassemblent autant de disciplines différentes. Beaucoup de chercheurs, de Jean Jouzel[1] à Valérie Masson-Delmotte, en passant par François Gemenne[2], se font entendre dans un nombre croissant de médias. D'autres scientifiques plus militants, comme Aurélien Barrau[3] ou Peter Kalmus[4] pour la NASA, tentent d'éveiller les consciences avec des apparitions médiatiques aussi didactiques qu'alarmantes. Un milieu activiste ou sensibilisateur de plus en plus structuré parvient également à se faire entendre : de Greta Thunberg à Cyril Dion, en passant par Thomas Wagner de *Bon Pote*, ou l'émergence de médias comme *Vert* ou *Reporterre*. L'arrivée récente à l'Assemblée

1. Jean Jouzel est un climatologue. Il a reçu le prix Nobel de la paix avec le GIEC en 2007.
2. François Gemenne est politologue à l'Université de Liège, professeur à Sciences Po Paris, et auteur principal du dernier rapport du GIEC.
3. Aurélien Barrau est astrophysicien ; il dirige le Centre de physique théorique Grenoble-Alpes.
4. Peter Kalmus est un ancien astrophysicien américain devenu climatologue à la NASA en 2012.

nationale d'élus issus de la « génération climat » (comme les députées Alma Dufour, pour La France insoumise, ou Marie Pochon, pour Europe Écologie Les Verts) prouve enfin que les porte-voix du climat sont de plus en plus audibles et visibles.

Malgré tout cela, et bien que certains journalistes comme Salomé Saqué, Audrey Garric ou Paloma Moritz prennent fait et cause pour le sujet du climat en mettant un point d'honneur à informer de manière fiable, crédible et régulière, les décideurs restent douloureusement amorphes et peinent à mettre en œuvre des politiques climatiques ambitieuses. La question est simple : à l'heure où les données et les chiffres sont clairs, vérifiés, contre-vérifiés et accessibles à tous, pourquoi sommes-nous si rétifs à enclencher les changements nécessaires ?

Pour répondre à cette interrogation, au-delà des travaux évidents sur lesquels politologues, sociologues, philosophes et économistes se penchent déjà, nous partons d'un constat plutôt ancien en sciences du langage : ce sont les choix des mots, les postures énonciatives (la manière de dire ce que l'on dit) et les préférences en matière de discours qui forgent notre rapport au réel et révèlent les représentations que nous avons du monde et de nous-mêmes. En d'autres termes, si nous peinons à prendre les bonnes décisions, c'est parce que nous n'avons pas encore trouvé ou écrit de récit suffisamment fédérateur pour nous emmener vers l'horizon des changements nécessaires.

Les discours autour du changement climatique

Dans ce grand marché narratif où récits et discours se concurrencent, et ce d'autant plus à l'heure des réseaux sociaux et de ce que l'on a coutume d'appeler le « web 2.0 », la question du changement climatique est moins une affaire de chiffres que de narration. Nous connaissons l'étendue des dégâts présents et à venir, mais nous attendons encore la bonne histoire qui nous permettra de nous embarquer, plus ou moins collectivement, vers l'avenir incertain qui se prépare – un point de vue notamment relayé par Cyril Dion, qui plaide pour un récit fédérateur. Mais dans cette affaire, plusieurs groupes d'intérêt, communautés, influenceurs et décideurs tentent de faire florès de récits opportunistes et souvent contradictoires qui servent des objectifs précis.

La militante Greta Thunberg ne s'y était d'ailleurs pas trompée lorsque elle avait dénoncé l'inaction climatique, lors d'un discours prononcé le 28 septembre 2021, pendant le sommet des Jeunes sur le changement climatique. À l'occasion de cette manifestation organisée par les Nations unies à Milan, elle avait moqué le « blablabla » des élites dirigeantes – tirade à laquelle le titre du présent ouvrage constitue un évident clin d'œil.

Nous avons décidé d'écrire ce livre dans l'optique suivante : comprendre la nature et les intérêts des récits qui s'entrechoquent, faire une cartographie narrative de ces discours en compétition et prendre conscience de l'urgence d'agir en prenant en compte l'urgence de raconter. L'évidence est là, en effet : pour donner envie aux individus de prendre des décisions concrètes de manière collective, les chiffres ne suffisent pas. Il faut convaincre, guider et proposer de nouvelles représentations du monde. Cela passe par le choix des mots, les subtilités sémantiques, les tournures de phrases, les formules choisies et les constructions argumentatives : comme nous l'enseignent les sciences du langage, la langue elle-même participe à la construction du monde et aux changements qui traversent nos sociétés.

Des récits de refus aux récits créatifs, en passant par les récits d'apparence et les récits solutionnistes, ce livre fait le point sur le marché des discours climatiques – sans prétention d'exhaustivité, mais en proposant un inventaire des grandes tendances qui facilitent ou empêchent la prise de conscience de l'urgence climatique. En analysant les recettes argumentatives et les postures discursives, nous souhaitons contribuer à créer les conditions favorables à l'émergence d'un récit climatique qui puisse être ensuite structuré collectivement, afin d'offrir des débouchés sociaux, économiques, culturels et politiques suffisamment riches et interconnectés pour que nos sociétés soient enfin en mesure d'affronter le changement climatique et ses conséquences.

Si des mots comme *urgence*, *changement*, *réchauffement*, *catastrophe* sont tour à tour utilisés dans l'espace public, médiatique et politique pour parler des bouleversements climatiques et des événements extrêmes que nous constatons tous (les plus récents étant les chaleurs caniculaires et les gigantesques feux de forêt sur le sol français, lors de l'été 2022 – annonciateurs d'autres événements encore plus graves à l'avenir), cela n'a rien d'innocent et témoigne d'une véritable hésitation langagière et narrative pour dire le réel – ou plutôt pour oser le dire tel qu'il se présente à nous. Au-delà du climat, de l'écologie et de l'environnement, ce livre veut embrasser les dimensions sociales, politiques et culturelles des discours qui tendent à modeler nos représentations. Nous espérons que les lecteurs et les lectrices y verront un peu plus clair à l'issue de leur lecture.

CE QUE NOS DISCOURS DISENT DE NOS REPRÉSENTATIONS

Avant d'aborder spécifiquement la question des récits autour du changement climatique, il est capital de comprendre comment fonctionnent les discours qui circulent dans l'espace public. Quelle est l'articulation entre la production de discours et la manière dont nous voyons le monde ? Quels sont les liens entre le choix des mots, le sens que nous y mettons et la diffusion d'idées dans notre société ? Pour cela, il convient de faire un petit détour par les sciences du langage, l'analyse de discours et l'accès aux représentations.

Deux chercheurs américains, Edward Sapir et Benjamin Whorf, ont émis une célèbre hypothèse qui porte leurs deux noms, l'hypothèse de Sapir-Whorf[1]. Il y a bientôt un siècle,

---

1. Benjamin Lee Whorf, *Language, thought, and reality: Selected writings of Benjamin Lee Whorf*, MIT Press, 1956.

ils ont établi que chaque langue correspond à une manière de structurer la pensée, de même que chaque mot que l'on choisit conditionne notre manière de percevoir le monde :

> « Si dans une langue, on parle régulièrement de quelque chose en utilisant certains mots ou certaines formes grammaticales, à force de le faire, on commence à voir le monde de manière différente qu'une autre personne qui utiliserait d'autres mots. En effet, les mots que nous utilisons reflètent notre manière de catégoriser le monde[2] ».

De manière très pragmatique, le simple fait, par exemple, de parler de « mauvaises herbes », pour des espèces végétales qui ont leur importance au sein de la biodiversité, met déjà en exergue des imaginaires esthétiques de la nature – ou, plus souvent, de ce qu'un jardin devrait être. Dans le même esprit, il existe de nombreux débats sur la manière de nommer le bouleversement climatique : *crise*, *réchauffement*, *changement* ou *urgence* constituent autant de choix lexicaux qui impliquent des nuances spécifiques.

Cet état de fait est loin d'être anecdotique : il installe, de manière durable et profonde, les choix de tournures de phrases, de mots ou de temps verbaux comme autant d'indices qui donnent accès aux représentations de la personne qui parle. Chaque locuteur, par sa pratique langagière, va donner à voir son point de vue sur l'état du monde. Tous ces choix construisent des discours qui permettent aux locutrices

2. Pascal Gygax, Sandrine Zufferey et Ute Gabriel, *Le cerveau pense-t-il au masculin ? Cerveau, langage et représentations sexistes*, Le Robert, 2021, p. 16.

et aux locuteurs d'élaborer une pensée propre, plus ou moins complexe, et plus ou moins ancrée idéologiquement. Ces choix sont d'autant plus importants qu'ils vont également influencer nos comportements et nos actions. En effet, les mots sont porteurs d'imaginaires, et ces imaginaires vont déterminer les représentations et les croyances que nous avons du monde et des autres – et donc notre manière d'entrer en relation avec notre environnement, puis d'agir au sein de cet environnement.

Une définition du discours

En sciences du langage, les études sur le discours et l'analyse de discours remontent aux années 1960. Certaines sont particulièrement fondatrices : en France, notamment, elles ont influencé un ensemble de courants de recherche en analyse du discours dans le monde. Les travaux les plus importants sont ceux du philosophe français Michel Foucault[3] ou encore du linguiste Michel Pêcheux[4], pour ne citer que ceux-là, dans la mesure où ils ont permis de faire sortir du champ de l'étude de la langue *stricto sensu*. Ainsi, tout un courant de recherche s'est intéressé à la langue non pas comme simple construit grammatical, lexical ou encore morphosyntaxique (qui combine forme des mots et syntaxe),

3. Voir Michel Foucault, *L'Archéologie du savoir*, Gallimard, 1969.
4. Voir Michel Pêcheux, *Les Vérités de la Palice*, Maspéro, 1975.

mais comme phénomène social, à relier à la manière dont les sociétés se construisent et évoluent. Dans un certain sens, à travers le discours, la langue s'ancre dans la réalité et l'actualité du monde, y compris dans sa dimension politique. Pour être plus précis, notre manière de nommer les choses trahit nos représentations sociales et nos actions ; il en va ainsi des mots du racisme, par exemple, qui désignent des communautés par des termes violents et discriminatoires. Ces mots charrient des représentations négatives, conditionnent des choix politiques, et déterminent durablement des relations humaines hélas dégradées.

Certains chercheurs, comme le sociologue Toni Ramoneda[5], expliquent que la réalité sociale se construit à travers le discours, qui permet notamment une « entente » à propos du monde. Selon lui, les institutions sociales par exemple, dans toutes leurs diversités, sont le fruit d'« ententes discursives », c'est-à-dire de définitions, de consensus et de volontés qui se retrouvent exprimés à travers des constructions langagières bien définies. Avec le discours, nous ne disons pas seulement le monde ou son état : nous le construisons, car nous exprimons avec la langue de véritables « constructions mentales et sociales », discutées dans l'espace public et susceptibles de donner naissance à des institutions, des organisations, des associations ou des entreprises.

5. Toni Ramoneda, « Entente virtuelle et conflit effectif : les racines discursives de la démocratie », *in* Jacques Guilhaumou et Philippe Schepens (éds.), *Matériaux philosophiques pour l'analyse du discours*, Presses universitaires de Franche-Comté, 2011, p. 113-138.

Marianne Jørgensen et Louise Phillips[6], spécialistes de l'analyse de discours, expliquent par ailleurs qu'il nous est impossible d'accéder à la réalité autrement que par le discours. Elles parlent, bien sûr, de la réalité sociale, dans la mesure où les discours sont les seules manières, pour l'être humain, de construire et dire le réel, mis à part les sensations physiques que nous ressentons. Les discours constituent donc une particularité de notre espèce : la réalité de notre société ne saurait être décrite ou construite sans discours, et le discours lui-même est par ailleurs… l'objet de discours !

Mais, pour bien appréhender la manière dont le discours fonctionne, il est important de prendre le temps de bien comprendre les signes qui le constituent. Qu'il s'agisse de textes, de visuels ou de vidéos, tout concourt à la production et à la diffusion de discours. Cela signifie, notamment, qu'une analyse du sens que nous donnons au monde, ainsi que des mots et images utilisés pour le mettre en forme, est extrêmement importante. Comprendre les discours, c'est donc comprendre la manière dont nous choisissons de faire sens, en sélectionnant un mot plutôt qu'un autre et en mettant certains termes en rapport avec certains autres. Dans ces choix, il n'y a pas toujours d'intention spécifique ou de conscientisation propre, mais il y a toujours le reflet d'une manière de mettre en forme les signes que nous utilisons pour exprimer ce que nous pensons.

---

6. Marianne Jørgensen et Louise Phillips, *Discourse analysis as theory and method*, Sage, 2002.

Des discours aux représentations

Une fois que l'on a saisi l'importance sociale du discours, il devient alors aisé de comprendre à quel point les discours animent l'espace public, médiatique et politique. À ce titre, le politologue danois Jacob Torfing[7] rappelle la dimension dynamique du discours, dans la mesure où il s'incarne à travers quatre dimensions. En effet, le discours est caractérisé par :

– des jeux d'influence exprimés par nos choix langagiers ;
– le fait de participer à la construction des structures sociales et identitaires ;
– la présence du sens que l'on donne aux choses, toujours en partie fixe et sédimenté, mais en constante évolution et susceptible de changer ;
– une mise en action par des modalités énonciatives (qui parle ?), rhétoriques (comment parle-t-on ?) et figuratives (à quel imaginaire fait-on appel ?).

Cette dimension figurative n'a rien d'anecdotique : tout discours se raccroche à des imaginaires en circulation, qui permettent de donner une vision du monde. Pour faire simple : les discours donnent accès aux représentations, tout en les construisant ; lorsque l'on parle, par exemple, d'*environnement*, on parle de ce qui existe « autour de nous », comme si l'espèce humaine en était *de facto* exclue – alors

7. Jacob Torfing, *« Discourse theory: Achievements, arguments, and challenges »*, *in* David Howarth et Jacob Torfing (éds.), *Discourse theory in European politics. Identity, policy and governance*, Palgrave Macmillan, 2005, p. 1-32.

même que nous faisons bel et bien partie de cet environnement, que nous participons à ses équilibres autant qu'à ses déséquilibres.

Derrière la question des représentations, il y a celle du sens. En effet, nous avons toutes et tous besoin de donner du sens au monde qui nous entoure, afin de le rendre à peu près cohérent et compréhensible. Notre cerveau est en demande de cohérence et d'habitudes ancrées pour pouvoir fonctionner correctement, c'est-à-dire sans stress. Pour le politologue britannique David Howarth[8], ce besoin de sens vient du fait que nous nous positionnons et nous reconnaissons en tant que sujets. En tant que sujets engagés dans le monde, nous éprouvons le besoin de le comprendre. Pour cela, nous construisons des architectures de sens souvent complexes, qui hébergent nos représentations ; tout cela s'effectue à travers nos discours et nos choix linguistiques.

Le réchauffement climatique n'échappe pas à la règle : dans la mesure où ce sujet est progressivement devenu central dans les discussions, que l'on y soit sensible ou non, nous avons forcément, toutes et tous, des représentations qui surgissent lorsque le thème est abordé. Il est ainsi possible d'être irrité par l'activisme écologiste, catastrophé par la situation de la planète, motivé par le fait de trouver des solutions, ou résigné étant donné l'ampleur de la situation. L'urgence climatique entre en résonance avec d'autres représentations,

8. David Howarth, *Discourse*, Open University Press, 2000.

tissant un réseau de circulations qui s'articulent entre elles et construisent de véritables récits, à la fois portés collectivement et ancrés dans des réalités individuelles.

Les récits : ces histoires que nous (nous) racontons

Pour faire sens, pour faire circuler ces représentations qui s'expriment à travers nos discours, nous avons besoin de nous raconter des histoires. Nous nous racontons toutes et tous des histoires à propos de nous-mêmes, de notre vie et de nos expériences, de nos relations aux autres et du monde qui nous entoure. Il s'agit ici d'une loi fondamentale liée à l'espèce : un véritable impondérable anthropologique.

Pour Seyla Benhabib[9], professeure de philosophie et de sciences politiques à l'Université de Yale, les êtres humains se retrouvent enchevêtrés dans des toiles de récits dès leur naissance. En effet, nous venons au monde en étant reliés à des récits qui nous précèdent (ceux de notre famille et de notre culture). En fonction des situations, nous pouvons choisir, ou non, de nous en défaire et d'associer notre vie à de nouveaux récits (en rencontrant de nouvelles personnes, en

9. Seyla Benhabib, *The claims of culture. Equality and diversity in the global era*, Princeton University Press, 2002.

passant d'une situation sociale à une autre, ou en changeant d'avis sur certains sujets, en fonction de notre expérience).

Dans une étude captivante sur les discours générationnels d'une famille ayant expérimenté la vie autour de l'ancien rideau de fer, les chercheurs Ulrike Meinhof et Dariusz Galasinski[10] établissent que la dimension narrative du discours n'est pas simplement affaire de représentations ou de récits collectifs, mais qu'elle est liée à la dimension intime du vécu. En effet, les individus développent des sentiments d'appartenance et échafaudent de véritables constructions identitaires à travers les récits qu'ils se font d'eux-mêmes et du monde. Les discours ne sont pas simplement des faits sociaux : ancrés dans notre subjectivité, ils confinent à l'intime, nous permettent de nous construire en tant qu'individus. Les discours nous façonnent autant que nous les façonnons, et c'est bien à cela que servent les récits ; quelles que soient les sociétés, les contes constituent l'un des premiers et principaux rapports au réel.

C'est pour cela qu'une analyse des récits, à travers l'étude des discours, est particulièrement utile pour comprendre les phénomènes sociaux et leurs enjeux. Si le cinéaste et auteur militant Cyril Dion met souvent en avant le besoin de construire un récit climatique qui permette de mobiliser et de construire le monde de demain, ce n'est pas un

---

10. Ulrike Meinhof et Dariusz Galasinski, *The language of belonging*, Palgrave Macmillan, 2005.

hasard. Le changement climatique ne constitue pas simplement le plus grand défi que l'humanité ait connu, il génère également de véritables guerres narratives qui se déroulent sous nos yeux, au cœur même de l'espace public et médiatique. Derrière ces récits climatiques, il y a des visions de la société, des valeurs et des représentations du rapport aux autres et à la nature. Comprendre la situation de nos sociétés face à l'urgence climatique, c'est d'abord analyser la manière dont nous en parlons – et ce que cela dit de nous et de notre capacité à pouvoir faire face à l'inévitable évolution du climat terrestre.

EXPÉRIENCE 1

En famille ou entre amis, essayez de faire raconter la même expérience par des personnes différentes. Notez les choix de mots, mais aussi les tournures de phrases, les choix de pronoms ou la mise en valeur de certains éléments du récit plutôt que d'autres. Observez comment chaque personne met l'accent sur des points de vue différents. Tout cela donne des couleurs narratives variées et montre que chaque expérience est vécue de façon singulière.

À RETENIR DE CE CHAPITRE

- La langue influence notre manière de percevoir le monde ; de surcroît, le rapport au monde de l'espèce humaine est toujours transmis par les récits.

- Nous ne pouvons avoir accès à nos représentations sociales qu'à travers les discours qui les façonnent et que nous produisons.

- Nous venons au monde au sein d'une toile narrative qui nous précède, mais nous avons toujours la possibilité de tisser de nouvelles toiles.

- L'environnement, l'écologie, le climat et la biodiversité ne font pas exception à la règle ; de ce fait, ils constituent des terrains de guerre narratives, où plusieurs discours se retrouvent en concurrence.

RÉCITS DE REFUS : FUIR L'ÉVIDENCE DE L'URGENCE CLIMATIQUE

CONTREDIRE LE RÉCHAUFFEMENT CLIMATIQUE : DU CLIMATOSCEPTICISME AU CLIMATORASSURISME

Les travaux du GIEC ont établi un consensus scientifique suffisamment solide pour convaincre les décideurs, mais l'opinion publique n'en reste pas moins traversée par un ensemble de récits fort variés autour du climat. Le climatoscepticisme, l'un des plus emblématiques, consiste à nier ou à minimiser la gravité du changement climatique, ou encore à en minorer les effets potentiellement dévastateurs sur les écosystèmes et les sociétés.

Le climatoscepticisme n'est pas simplement une opposition frontale au consensus du GIEC et il prend des formes extrêmement diverses.

En effet, le scepticisme dont il est question peut porter à la fois sur :
– les chiffres proposés par le GIEC (le consensus scientifique est-il si étendu que cela ? La science ne peut-elle pas se tromper ?) ;
– les causes anthropiques du phénomène (est-on bien sûr que l'espèce humaine est, pour tout ou partie, responsable du réchauffement climatique ?) ;
– les effets du changement climatique (sont-ils si graves ? Est-on bien sûr que nos sociétés ne pourront pas s'y adapter ?).

Dans tous ces cas de figure, on est donc loin des formes les plus primitives du climatoscepticisme, qui prenaient racine dans les théories du complot en imaginant une conspiration de certains cercles de pouvoir pour attribuer le réchauffement climatique à l'activité humaine[1].

Les enjeux du climatoscepticisme

Dans l'antre du climatoscepticisme

Nous avons travaillé avec le chercheur Renaud Hourcade à comprendre et cerner le climatoscepticisme du point de

1. C'est ce que montrent les politologues Joseph Uscinski et Santiago Olivella. Voir « *The conditional effect of conspiracy thinking on attitudes toward climate change* », *Research & Politics*, 2017, 4 (4).

vue des discours et des récits, dans un numéro spécial de la revue scientifique *Mots. Les langages du politique*, paru en 2021[2]. Nous y adoptions une approche interdiscursive, c'est-à-dire une analyse qui observe comment se croisent différents discours, parfois éloignés, mais dont les points de rencontre constituent des clés de lecture particulièrement intéressantes. Nous avons alors réussi à identifier un mécanisme commun aux discours climatosceptiques, d'où qu'ils proviennent, à savoir la « perception des politiques climatiques et du consensus international qui les sous-tend comme une menace majeure, pesant sur des valeurs ressenties comme essentielles ».

Qu'est-ce que cela signifie exactement ? Du point de vue climatosceptique, il faut comprendre que les travaux à propos du changement climatique sont perçus comme étant susceptibles d'entraîner des changements en matière de politique économique et sociale, et, *in fine*, un ensemble de changements comportementaux. Seulement voilà : nombre de ces comportements sont ancrés culturellement, dans le sens où ils participent de récits complexes, souvent liés à des questions d'identité. Un ancrage et des liens défendus par des camps politiques concentrent un certain nombre de craintes et de ressentiments, dans la mesure où l'urgence climatique est perçue comme une menace – non pas pour l'espèce humaine ou la planète, mais pour les habitudes

2. Renaud Hourcade et Albin Wagener, « Le climatoscepticisme : une approche interdiscursive », *Mots. Les langages du politique*, ENS Éditions, 2021, n° 127, p. 9-22.

culturelles d'une partie de la population, qui voit dans ce changement subi une forme d'agression insupportable.

Stratégies politiques et argumentatives du climatoscepticisme

Pour mieux appréhender le succès des théories climatosceptiques, il faut comprendre à la fois la genèse politique de ces théories et la force des relais qui en diffusent les thèses (en France, on pourra par exemple citer la chaîne de télévision néoconservatrice CNews, ou des journaux comme *Valeurs actuelles*). Dès le début des années 2000, les chercheurs américains Aaron McCright et Riley Dunlap analysent la fabrication des contre-arguments du camp conservateur, aux États-Unis, afin de contrer les décisions sociales et politiques qui découleraient de la prise en considération des études scientifiques et des rapports du GIEC[3]. Plus tard, en 2013, Riley Dunlap poursuit ses travaux avec Peter Jacques, en enquêtant sur les liens entre l'édition d'ouvrages ouvertement climatosceptiques destinés au grand public et l'activité intense des *think tanks* conservateurs américains[4]. Leurs conclusions ? Il s'agit très clairement d'un cas de fabrication

3. Aaron McCright et Riley Dunlap, *« Challenging global warming as a social problem: An analysis of the conservative movement's counter-claims »*, *Social Problems*, 2000, XLVII (4), p. 499-522.

4. Riley Dunlap et Peter Jacques, *« Climate change denial books and conservative think tanks: Exploring the connection »*, *American Behavioral Scientist*, 2013, Sage, LVII (6), p. 699-731.

de consentement – ou plutôt de fabrication d'« anticonsentement », pour reprendre ce concept cher aux intellectuels Noam Chomsky et Edward Herman[5].

Comme le rappellent les historiens des sciences Naomi Oreskes et Erik Conway, dans un ouvrage captivant paru en 2010, *Les Marchands de doute*[6], cette stratégie néoconservatrice est directement inspirée de la manière dont l'industrie du tabac a tenté, pendant plusieurs décennies, de produire des contre-études et des contre-discours pour minimiser, voire nier l'impact de la cigarette sur la santé. Ce parallèle avéré en dit long sur les intérêts des *think tanks* qui font en sorte de construire des contre-récits climatosceptiques pour ralentir les prises de décisions politiques concernant l'urgence climatique ; mais il ne dit pas pour autant pourquoi le climatoscepticisme fonctionne… En effet, pour qu'un discours ou un contre-discours atteigne ses objectifs, il faut encore que ses destinataires soient sensibles aux récits et aux représentations véhiculés.

Pour bien comprendre les stratégies argumentatives des discours climatosceptiques, en prenant acte du fait que ceux-ci sont produits par des *think tanks* proches de groupes industriels pétroliers et nourris par des apports financiers considérables, il faut saisir la manière dont ces discours s'incarnent. Car un discours ou un récit, c'est

---

5. Noam Chomsky et Edward Herman, *La fabrication du consentement. De la propagande médiatique en démocratie*, Agone, 2008.

6. Naomi Oreskes et Erik Conway, *Merchants of Doubt. How a handful of scientists obscured the truth on issues from tobacco smoke to Climate Change*, Bloomsbury Press, 2010. Traduction en français : *Les Marchands de doute*, Le Pommier, 2012.

d'abord un choix de mots qui laisse entrevoir des tactiques sémantiques. Comme le rappelle le linguiste suisse Didier Maillat[7], la particularité d'une stratégie argumentative réussie est qu'elle parvient à nous forcer à être attentifs à certaines informations disponibles et à en ignorer d'autres, tout en mobilisant toute notre énergie de compréhension sur cette sélection imposée – ce qui, d'après les travaux de ce chercheur, constitue l'un des fondamentaux essentiels de la manipulation par le discours.

L'une des astuces consiste à prendre appui sur des éléments de la vie quotidienne qui impactent le changement climatique, puis à faire comme si ces éléments étaient déconnectés du changement climatique (ou que leur impact carbone était infinitésimal par rapport à d'autres éléments). Par exemple, le climatoscepticisme peut isoler un élément climaticide (la consommation de viande, par exemple) en le raccrochant à la question des emplois liés à l'agriculture ou encore à la tradition culinaire – il en va de même pour l'avion, dont on minorera l'impact en le comparant à d'autres causes climatiques, ou encore pour l'impact carbone d'un pays comme la France, qui justifiera l'inaction climatique en raison de l'impact carbone d'autres pays plus émetteurs, comme les États-Unis ou la Chine. C'est pour cette raison que le climatoscepticisme peut prendre plusieurs formes ou bien concerner certains éléments de discours plutôt que d'autres. Ainsi, on peut sincèrement se penser sensible à la

7. Didier Maillat, *« Constraining context selection: On the pragmatic inevitability of manipulation »*, *Journal of Pragmatics*, 2013, 59 (2), p. 190-199.

cause climatique, tout en étant contre toute mesure visant à décourager le transport individuel, surtout si ces mesures concernent son porte-monnaie personnel et ont un impact sur le pouvoir d'achat – ce qui rejoint ici le phénomène de dissonance cognitive (le fait d'agir en contradiction avec ses émotions ou ses croyances). Mais cela n'est qu'un exemple : le climatoscepticisme, au-delà de la contestation de l'origine du réchauffement climatique, peut se présenter sous plusieurs avatars.

Les langages du climatoscepticisme

Comme le rappelle l'historienne des sciences Hélène Guillemot[8], la grande variété des discours du climatoscepticisme le rend particulièrement complexe à appréhender. De fait, il n'existe pas *un* climatoscepticisme, mais *des* climatoscepticismes – parfois même en concurrence les uns avec les autres –, en fonction des intérêts.

Pour bien comprendre ces subtilités, il est impératif de se focaliser sur les manifestations langagières du climatoscepticisme, et plus largement des discussions liées au climat[9].

8. Hélène Guillemot, « Les désaccords sur le changement climatique en France : au-delà d'un climat bipolaire », *Nature Sciences Sociétés*, 2014, XXII (4), p. 340-350.

9. À l'instar de ce que font depuis plusieurs années maintenant des scientifiques comme la linguiste norvégienne Kjersti Fløttum. Voir *The role of language in the climate change debate*, Routledge, 2019.

Les types de climatoscepticisme

D'abord, soulignons que celles et ceux qu'on accuse d'être climatosceptiques récusent souvent ce terme ; si le scepticisme désigne le refus d'admettre une chose sans examen critique, sa persistance face à un consensus scientifique planétaire et pluridisciplinaire rend sa portée nettement moins pertinente. De surcroît, la combinaison des termes *climat* et *scepticisme*, du point de vue strictement linguistique, signifierait que l'on est sceptique vis-à-vis de l'existence même du climat – ce qui confine à la plus grande des absurdités.

• Le climatoréalisme

Certains cercles climatosceptiques se labellisent plus volontiers *climatoréalistes*, par exemple l'Association des climato-réalistes, pilotée par le mathématicien Benoît Rittaud, et qui relaie fort régulièrement des contenus et articles clairement ancrés dans les sphères complotistes du climatoscepticisme. De fait, le *climatoréalisme* n'est qu'une variation du *climatoscepticisme* qui récuse le terme de *scepticisme* pour sa charge négative et préfère le *réalisme*, sous-entendant que la rigueur scientifique serait de son côté. Mis à part ce changement de nom, absolument rien ne distingue le climatoscepticisme du climatoréalisme.

• Le climatorassurisme

D'autres encore parlent de *climatorassurisme*. Cette logique argumentative vise à isoler certains événements climatiques de l'ensemble des bouleversements planétaires, et permet ainsi de minimiser leur portée. Elle a été particulièrement visible lors de la vague de canicules et d'incendies qui a touché la France lors de l'été 2022. De fausses cartes météo ont circulé, afin de mettre en évidence le fait que les records de température ne constituaient pas un événement exceptionnel notable, mais une observation anecdotique. Partant de là, le climatorassurisme utilisait soit une comparaison fallacieuse (« il a déjà fait très chaud pendant d'autres étés, pourquoi s'affoler ? »), soit un argument d'essentialisation des saisons (« c'est normal, c'est l'été, il fait chaud, pas de quoi en faire un fromage ! »). Quant aux feux de forêt liés à ces épisodes caniculaires, certains discours climatosceptiques, notamment sur les réseaux sociaux, les raccrochaient à des hypothèses immobilières : des propriétaires auraient ainsi mis le feu à leur parcelle et leur maison, afin de toucher de l'argent des assurances.

• Oublier le changement climatique

Dans tous ces cas de figure, on remarque que les climatosceptiques isolent délibérément un événement du récit général du changement climatique, afin d'en restreindre la portée pragmatique. Il s'agit non seulement de rassurer une audience, mais peut-être aussi de se rassurer soi-même : il est parfois plus simple de trouver des stratégies de dénégation afin de protéger un mode de vie, des comportements et des représentations qui se retrouvent *de facto* mis en danger par les effets du changement climatique. De ce point de vue, le climatorassurisme, en évitant de générer de l'anxiété et en minimisant un événement lié au changement climatique, poursuit un seul but : ne pas avoir à prendre la mesure des actions à mener.

Nommer les ennemis du climatoscepticisme

Au sein des sphères climatosceptiques, il est toutefois possible de distinguer l'apparition de plusieurs termes pour qualifier celles et ceux qui prennent au sérieux le consensus scientifique sur le climat, et donc la mesure des changements à apporter. Les contre-discours transforment alors le consensus en camp ennemi : c'est ainsi que les termes *réchauffisme* ou *climato-alarmisme* ont fait leur apparition.

Ce qui est intéressant du point de vue sémantique, c'est que le premier terme met l'accent sur un suffixe en *-isme* souvent attribué aux idéologies (marxisme, capitalisme, progressisme, libéralisme, fascisme…) et implique donc le fait que le consensus climatique ne constituerait en fait qu'un courant de pensée parmi d'autres.

Le second souligne les peurs que réveille le consensus climatique, en le désignant comme responsable de l'écoanxiété (le fait de ressentir de l'angoisse face au bouleversement climatique), par exemple. En France, des figures médiatiques tel Laurent Alexandre, médecin urologue fondateur de Doctissimo et invité régulier des colonnes de *L'Express*, utilisent régulièrement ce ressort argumentatif, soit en ciblant les milieux politiques écologistes, soit en ciblant la jeunesse – voire les deux en même temps, lorsqu'il s'agit d'activistes comme la Suédoise Greta Thunberg. Ainsi, dans un tweet publié le 3 octobre 2022 et qui se passe de commentaires, l'urologue écrivait :

> « Les écologistes sont en train de bousiller nos enfants. Et par lâcheté on laisse faire. Nous aurons des SUICIDES D'ENFANTS sur la conscience. Il faut réagir. »

Climatoscepticismes : nier les évidences

Concrètement, les variantes du climatoscepticisme se matérialisent par des énoncés qui jouent sur plusieurs types d'argumentaires. Voici quelques exemples que nous proposons de commenter afin de mieux en cerner les ressorts.

Exemple 1 – Une remise en question de la fiabilité de la science

« La météorologie n'est pas le climat. Il n'existe aucune étude établissant un lien entre le réchauffement climatique et l'augmentation de la fréquence et de l'intensité des tempêtes, des inondations et des vagues de chaleur et de froid. »

Extrait de l'article « Comment un écologiste végétarien est devenu climatosceptique », *Slate*, 24 octobre 2015, à propos du climatosceptique David Siegel, cité dans l'article[10].

10. Voir slate.fr/story/108857/ecologiste-vegetarien-climatosceptique.

Dans ce premier exemple, l'une des stratégies est d'établir une distinction entre météorologie et climatologie, en mettant en question les corrélations potentielles entre ces deux sciences. Ainsi, le climatoscepticisme ne porte ici pas tant sur la négation du changement climatique en lui-même, mais sur les méthodes scientifiques chargées de le prouver, accusées d'être imparfaites, douteuses et perfectibles. En bref, comme la science constitue un ensemble de connaissances en constante évolution, le climatoscepticisme permet de douter de la science en général, et de celle du climat en particulier.

Notons que, dans la plupart des cas, cette parole critique des liens entre météorologie et climatologie n'est pas portée par des scientifiques – et souvent, les mêmes personnes vont elles-mêmes confondre météo et climat, en moquant par exemple le réchauffement climatique du fait du constat d'une baisse des températures de saison.

Exemple 2 – Une remise en question de la légitimité du GIEC en tant qu'institution

« Le GIEC ne prend en compte que le CO_2 dans les variations du climat, c'est aussi stupide que d'étudier les variations du métabolisme humain avec pour seul critère le taux de sucre dans le sang ! »

Commentaire à propos de l'article « Hugo Clément : Manger de la viande, est-ce que ça vaut le coup ? », *Le Point*, 2 mars 2019[11].

11. Voir lepoint.fr/societe/hugo-clement-manger-de-la-viande-est-ce-que-ca-vaut-le-coup-02-03-2019-2297526_23.php.

Ici, nous obtenons une autre variation du climatoscepticisme, qui s'érige en critique de la science du climat. Dans ce commentaire, le GIEC est accusé de véritables manquements scientifiques (alors que la personne qui commente n'est en l'espèce pas climatologue). De fait, un certain nombre de propos climatosceptiques mettent en doute la légitimité du GIEC en tant qu'acteur à la fois scientifique et institutionnel.

Exemple 3 – Une remise en question de l'objectivité du GIEC

« C'est pas les politiques qui écoutent les scientifiques du GIEC, ce sont les scientifiques qui courent derrière les politiques parce que la modélisation climatique coûte excessivement cher. »

Extrait de l'interview de François Gervais par Ivan Rioufol sur CNews, le 26 juin 2022[12].

Ce troisième exemple de propos climatosceptiques cible encore le GIEC. Dans une logique complotiste, la personne qui tient ces propos sous-entend que le GIEC produirait des rapports alarmants afin de garantir sa propre existence, en s'assurant de la pérennité des fonds étatiques qui lui permettent de fonctionner.

Cette dimension complotiste du climatoscepticisme est parfois présente, notamment lorsqu'elle cible aussi les

12. Cité par Samuel Gontier dans le magazine *Télérama* : telerama.fr/ecrans/rechauffement-climatique-sur-cnews-ca-n-existe-pas-sur-tf1-c-est-l-occasion-de-se-baigner-7011454.php.

associations ou les partis écologistes ; on peut alors entendre que l'écologie serait mise à l'agenda des gouvernements pour contraindre à vendre des technologies vertes ou bien modifier les modes de vie occidentaux par la force.

Exemple 4 – Une remise en question de la rationalité des personnes qui défendent la cause climatique

« Que cette religion existe, je n'en doute plus depuis que j'ai rencontré l'une de ces prêtresses les plus fanatiques en la personne de Brune Poirson, à l'époque préposée ministérielle à l'environnement. […] Le temps est caniculaire. Nous sommes en juillet et non en janvier, mais la ministre, au rebours de nombreux scientifiques, veut y voir absolument un lien avec le réchauffement climatique. »

Extrait de l'article de Gilles-William Goldnadel,
« Les douze mensonges du GIEC sur le climat »,
Valeurs actuelles, 28 mars 2022[13].

Dans ce dernier exemple, nous pouvons voir l'un des avatars les plus efficaces du climatoscepticisme : celui qui assimile la prise en considération des effets du changement climatique, les prises de position activistes et les quelques actions gouvernementales, comme une forme de religion ou d'idéologie qui ne laisserait aucune place à la pluralité des opinions.

13. Voir valeursactuelles.com/clubvaleurs/societe/goldnadel-les-douze-mensonges-du-giec-sur-le-climat.

En assimilant ainsi consensus scientifique et croyance sans fondement, cette critique climatosceptique est probablement l'une des plus pernicieuses : tout en se positionnant souvent sur le terrain d'une raison idéalisée, elle assimile la pratique scientifique (fruit d'une démarche où l'analyse et la rigueur sont indispensables) à une religion de fanatiques (où, précisément, la croyance empêcherait l'analyse rigoureuse de la réalité). Ce faisant, elle ne disqualifie pas seulement le GIEC, mais tout type d'acteur ou d'actrice qui prendrait le réchauffement climatique au sérieux, non seulement au niveau des résultats scientifiques, mais également au niveau des politiques à mener.

EXPÉRIENCE 2

Le climatoscepticisme n'est jamais uniforme, et il est parfois possible de tomber dans son piège en fonction des sujets et de la manière dont ils nous touchent (réduire sa consommation d'essence ou de viande ou renoncer à un voyage en avion pour aller voir des proches sur un autre continent).

Autour de vous, dans les conversations ou dans les médias, observez les argumentaires à tendance climatosceptique, listez-en les principaux ressorts et trouvez les contre-arguments pour y répondre :

– Oui, il va falloir mettre un terme à certaines pratiques – mais c'est aussi pour en inventer d'autres !

– Pour passer des énergies fossiles aux énergies renouvelables, il faudra, par exemple, former des personnes, ce qui permettra d'inventer de nouveaux métiers pour alimenter de nouveaux usages.

– *Idem* pour l'alimentation, puisque le fait de limiter la viande de bœuf dans nos assiettes permettra de donner plus de place à d'autres aliments, comme les légumineuses ; faire face au changement climatique signifie certes que l'on doit mettre certaines choses de côté, mais que l'on en gagne aussi !
– Etc.
Plusieurs médias, comme *Bon Pote*[14], proposent des argumentaires particulièrement pertinents pour contrer les discours climatosceptiques, par exemple le jeu en ligne « Le dîner (écolo) du siècle[15] » ; celui-ci vous permet de balayer plusieurs arguments climatosceptiques, et d'obtenir des contre-arguments particulièrement performants.
N'hésitez pas à en parler autour de vous, et à lister vos propres actions climatiques, tout en étant au clair avec vos paradoxes – nous en avons toutes et tous, cela fait partie de la période de transition que nous traversons, et ce n'est pas grave du tout.

---

14. Accessible sur bonpote.com.
15. Accessible sur bonpote.com/le-diner-ecolo-du-siecle.

À RETENIR DE CE CHAPITRE

• Les climatosceptiques produisent des discours qui peuvent prendre plusieurs formes mais dont l'objectif est toujours le même : minimiser l'importance du réchauffement climatique et des personnes qui en parlent.

• Les climatosceptiques font partie d'un processus politique réactionnaire, qui trouve ses origines dans les sphères conservatrices et complotistes.

• Les climatosceptiques se positionnent contre le traitement médiatique et politique du réchauffement climatique, avec pour attitude l'inaction climatique ou l'action climatique la plus limitée possible.

• Les climatosceptiques ciblent souvent :
– les incohérences des liens entre météo et climat
– le GIEC en tant qu'institution
– la place du réchauffement climatique dans l'espace public, comme s'il s'agissait d'une religion fanatique.

BOUFFOPOLITIQUE[1] : NOS ASSIETTES CONTRE LE CLIMAT

L'actualité nous le prouve souvent : toute polémique médiatique au sujet de nos assiettes connaît un retentissement important. En France, pays de la gastronomie, de la bonne chère et du terroir culinaire, cet attachement à la composition de nos repas et à l'origine des produits est particulièrement vif. Il provoque des réactions toutes aussi vives.

C'est ce que je propose d'appeler « bouffopolitique », soit l'art de faire de la politique en se basant sur des questions ou des problèmes liés aux préférences alimentaires, culinaires et gustatives. Qu'il s'agisse des recommandations concernant les menus végétariens dans les cantines scolaires, de la disparition du foie gras pendant les réceptions dans certaines mairies de France, ou encore de l'impact de la production de viande dans l'émission des gaz à effet de serre, tous ces

1. La bouffopolitique, c'est l'art de faire de la politique en se basant sur des questions ou des problèmes liés aux préférences alimentaires.

sujets ont suscité d'importantes polémiques auxquelles des personnalités politiques ont pris part. Cette particularité témoigne du rôle culturel de la nourriture et de notre attachement collectif au plaisir qu'elle nous procure. Or, bien souvent, ce plaisir semble primer face aux enjeux climatiques.

Pourtant, il existe un autre enjeu majeur lié à la nourriture : celui des futures pénuries alimentaires liées au réchauffement climatique qui vont percuter à la fois les individus, mais également les sociétés et leur rapport économique et agricole à ces denrées alimentaires. Dans un tel contexte, les préférences culinaires et gustatives risquent de paraître bien futiles…

Le climat, ennemi du plaisir dans l'assiette ?

Dans certains débats publics, la question des mesures alimentaires à prendre face au réchauffement climatique semble parfois nier la notion de plaisir, lié à la fois à la dégustation et aux moments conviviaux passés autour d'une table. Or, le plaisir doit et peut continuer à être pris en compte, comme le montrent, par exemple, les travaux des sociologues Roberta Sassatelli et Federica Davolio[2] sur la tendance du

2. Roberta Sassatelli et Federica Davolio, *« Consumption, Pleasure and Politics: Slow Food and the politico-aesthetic problematization of food »*, *Journal of Consumer Culture*, 2010, 10 (2), p. 202-232.

slow food[3] en Italie. Ainsi, bien ou mieux manger peut s'ériger progressivement en une nouvelle source de plaisir, liée à des représentations culturelles, certes renouvelées du point de vue politique, mais toujours ancrées dans une recherche de sentiment d'authenticité dans l'action de se nourrir et de faire du lien avec des terroirs spécifiques.

Écologie et alimentation

Le sujet de l'alimentation est pris à bras-le-corps par les mouvements écologistes depuis quelques décennies déjà ; la politologue Florence Faucher[4] en faisait état dès 1998, en explorant notamment les habitudes alimentaires au sein des mouvements écologistes, en France et en Grande-Bretagne. Elle y montre notamment que cuisiner de manière plus écologique dépend d'un système de croyances avant tout, et que le changement des habitudes culinaires participe de la construction d'une identité militante du côté des défenseurs de l'environnement.

Plus près de nous, Valéry Giroux et Renan Larue[5], chercheurs spécialistes du végétarianisme, ont également présenté la manière dont le véganisme réussissait à s'implanter graduellement dans nos sociétés. Ils constatent

---

3. Le *slow food* est un mouvement qui a pour but de sensibiliser les individus à une gastronomie plus écologique, en lien avec des productions locales, en circuits courts.

4. Florence Faucher-King, « Manger vert. Choix alimentaires et identité politique chez les écologistes français et britanniques », *Revue française de science politique*, 1998, vol. 48 (3/4), p. 437-457.

5. Valéry Giroux et Renan Larue, *Le Véganisme*, Puf, 2019.

en effet que le véganisme s'ancre en fonction de valeurs, de choix éthiques et d'implications politiques qui ne sont jamais loin de l'écologie, de la défense de la cause animale, ou même des questions de santé publique.

De fait, la question de la nourriture est complexe : au-delà même de la faim dans le monde, elle montre des inégalités criantes entre les populations concernant l'accès à une alimentation suffisante et équilibrée. En France, la nourriture est souvent reliée à la gastronomie, aux terroirs et à une connaissance locale des circuits de production. Dans ce sens, la dimension d'authenticité n'est jamais très loin.

Terroir et plaisir

Simon Gérard, anthropologue spécialiste des questions d'alimentation, rappelle le rôle de celle-ci dans notre quotidien, en liant goût et terroir : il explique qu'il existe des liens puissants entre les lieux (régions, localités) et le goût, et que l'ensemble est fortement constitutif de nos expériences culinaires. Selon lui, ce lien est politique car il participe de l'identité des territoires, et qu'il se retrouve à ce titre exploité au sein du capitalisme global, qui joue sur ces identités pour les marchandiser[6]. Ces liens deviennent ainsi des arguments de vente, qui identifient le terroir comme un objet de marketing.

6. Simon Gérard, « Du thé, des fromages et des cochons : les "lieux" de qualité en anthropologie de l'alimentation », *L'Homme*, 2022, 241 (1), p. 139-156.

Mais, au-delà de cette mise en scène de l'authenticité[7] (des pruneaux d'Agen aux rillettes du Mans, en passant par des produits transformés à base de produits labellisés 100 % français), on y retrouve une incarnation très identitaire du goût. Du côté du terroir français, on peut, par exemple, penser à l'authenticité revendiquée d'une crème normande, d'une choucroute en boîte alsacienne, ou encore de chips élaborées à partir de pommes de terre bretonnes (qui mettent en scène le localisme du choix des ingrédients). En définitive, ce goût n'a rien de neutre : s'il est culturellement forgé, il est également le lieu de toutes les tensions, tant il mêle appartenance culturelle, stimulation sensorielle et convivialité sociale.

Toutes ces composantes sont extrêmement importantes pour comprendre la manière dont les polémiques sur la nourriture vont rythmer, parfois de manière démesurée et caricaturale, une actualité dédiée à la cause climatique.

Nourriture et environnement

Sans même évoquer la question du respect des droits des animaux, qui inspire à la fois les choix véganistes et une prise de conscience plus large dans la sphère écologiste, la nourriture est un domaine extrêmement chargé du point de vue de l'environnement. Une fois de plus : en France, pays de la gastronomie, c'est encore plus emblématique. Or, c'est

---

7. Voir les travaux de l'anthropologue Charles Lindholm sur le sujet : *Culture and Authenticity*, Wiley-Blackwell, 2007.

dans ce contexte qu'émergent un certain nombre de polémiques sur l'impact environnemental et climatique de certaines habitudes – voire traditions – alimentaires (comme le foie gras ou les cultures intensives céréalières, en passant par l'industrie betteravière). Alors que le changement climatique a un effet massif et inquiétant sur la sécurité alimentaire mondiale (comme l'ont montré Tim Wheeler et Joachim von Braun[8], de l'Université de Reading), la question de l'alimentation est rarement évoquée sous cet angle. Bien souvent, dans les quelques controverses qui agitent le champ médiatique, le changement climatique est uniquement perçu comme une menace pour le plaisir ou le goût. De fait, la fameuse notion d'écologie punitive est souvent brandie pour disqualifier l'écologie.

Pour gagner la bataille des récits en matière d'alimentation, impossible, donc, de mettre de côté le plaisir que l'on prend à se nourrir : prendre appui sur la dimension hédonique paraît incontournable.

Culture culinaire : l'exemple de la viande

Climat, entrecôte et virilité

Le poids de l'élevage d'animaux et de la consommation de produits carnés dans l'alimentation est régulièrement

8. Tim Wheeler et Joachim von Braun, *« Climate change impacts on global food security »*, *Science*, 2013, 6145 (341), p. 508-513.

pointé du doigt comme l'une des nombreuses causes réelles des émissions de CO_2 dans le monde. Selon les modes de calcul, comme le précise une note du Sénat d'avril 2021[9], l'impact de la seule viande bovine représenterait environ 14,5 % des émissions de gaz à effet de serre dans le monde – en tenant compte de l'intégralité du cycle de production. À partir de ces données, qui attestent qu'un sixième des émissions est dû à la viande bovine, on est alors en droit de poser la question de la consommation de cette viande. Mais c'est probablement là que s'arrêtent les constats scientifiques.

En effet, la consommation de viande bovine n'est pas qu'une affaire de chiffres : elle est une affaire d'habitude, de culture – et donc de récit.

Cela n'est pas un hasard si des personnalités écologistes, comme la députée Sandrine Rousseau, ont régulièrement fait les frais, en France, de leurs déclarations critiques concernant la consommation de produits carnés. Cette dernière avait pointé le barbecue comme un symbole de virilité et s'était attiré les foudres de l'opinion publique. Un rapide détour par la littérature scientifique montre pourtant que, depuis les années 2010, nombre d'études sérieuses ont révélé des corrélations importantes entre la consommation de viande et la perception culturelle de l'identité masculine. Ainsi, le

9. Office parlementaire d'évaluation des choix scientifiques et technologiques, « Enjeux sanitaires et environnementaux de la viande rouge », L*es notes scientifiques de l'office*, note 26, avril 2021, voir senat.fr/fileadmin/Fichiers/Images/opecst/quatre_pages/OPECST_2021_0024_note_viande_rouge.pdf.

psychologue Hank Rothgerber[10] a remarqué une réelle différence entre hommes et femmes concernant la justification de la consommation de viande – une différence attribuée précisément aux constructions sociales des représentations entre masculinité et féminité : les hommes justifient leur consommation de viande en assumant le rapport de domination sur les animaux, considérés comme inférieurs, tout en produisant des justifications de santé publique, de culture ou d'histoire ; les femmes, en revanche, reconnaissent le lien entre nourriture et condition animale, et admettent l'existence d'une souffrance animale à laquelle elles préfèrent ne pas penser.

En 2015, la sociologue Kristen Sumpter[11] approfondissait cette hypothèse en observant la manière dont la consommation de viande elle-même participe de la construction de l'identité masculine – une identité collective qui enferme certains hommes dans des choix alimentaires univoques et qui, en contrepartie, tend à exclure les hommes qui préfèrent d'autres choix alimentaires et se retrouvent ainsi privés de la reconnaissance de leurs pairs. Ce constat a déjà été fait par le juriste Zachary Kramer[12], qui analyse, sur le terrain du droit, des cas de discrimination liés aux régimes

---

10. Hank Rothgerber, « *Real men don't eat (vegetable) quiche: Masculinity and the justification of meat consumption* », *Psychology of Men & Masculinity*, 2013, 14 (4), p. 363-375.

11. Kristen Sumpter, « *Masculinity and meat consumption: An analysis through the theoretical lens of hegemonic masculinity and alternative masculinity theories* », *Sociology Compass*, 2015, 9 (2), p. 104-114.

12. Zachary Kramer, « *Of meat and manhood* », *Washington University Law Review*, 2011, 89 (2), p. 287-322.

alimentaires aux États-Unis – notamment de la part d'hommes qui mangent de la viande, par rapport à ceux qui choisissent de ne pas en manger.

La place de la viande dans notre imaginaire collectif

Au-delà de la consommation réelle de produits carnés, et sans même parler des différences de consommation en fonction des groupes sociaux (et de la qualité des produits consommés), l'exemple de la viande montre à quel point il existe un attachement social réel à ce que cette viande représente. Qu'il s'agisse du barbecue du dimanche, de la bavette-frites de brasserie ou du kebab, emblème de la *street food*, toutes ces pratiques disent des choses de nos sociétés et de nos choix.

Qu'est-ce que tout cela signifie ? Quels enseignements pouvons-nous en tirer ? D'abord, l'exemple de la viande bovine souligne quelque chose de fondamental : envisager des actions concrètes face au changement climatique ne peut se faire sans prendre en considération des facteurs culturels, identitaires et sociaux. Des facteurs qui pèsent sur les directions politiques que prennent les sociétés, et qui conditionnent le degré d'acceptabilité des mesures à prendre pour lutter contre les effets du réchauffement climatique. Les récits et discours liés au climat s'entrechoquent avec d'autres récits, qui, certes, renvoient à nos représentations de la nature, de l'environnement et de la condition animale, mais que nous vivons comme constitutifs d'une identité individuelle ou collective. Cet enchevêtrement des discours ne rend pas impossible la création de nouveaux récits qui permettraient d'emmener les sociétés vers des horizons plus désirables, mais la rend nettement plus compliquée.

La bouffopolitique : le piège du plaisir

Pour comprendre la manière dont les argumentaires circulent autour de cette notion de bouffopolitique, le mieux est de partir de citations emblématiques, qui ont agité quelques polémiques médiatiques retentissantes au cours des dernières années.

> **Exemple 1 – Monde sans viande, monde sans progrès**
> « Pourquoi garder la viande au programme, pourquoi garder le nucléaire, pourquoi autoriser les OGM, pourquoi aller vers la 5G, pourquoi compter sur l'économie de marché et les échanges, etc. puisque de toute façon, la viande, le nucléaire, les OGM, la 5G, c'est mal pour la planète, et que les lentilles, c'est bon pour la planète ? Ça promet. »

Extrait d'un article de Nathalie MP Meyer, intitulé « Menu sans viande à Lyon : les écologistes ne vous laisseront pas le choix », paru dans *Contrepoints* en 2021[13].

---

13. Voir contrepoints.org/2021/02/26/391912-menu-sans-viande-a-lyon-les-ecologistes-ne-vous-laisseront-pas-le-choix.

Selon un procédé de « concaténation argumentative », cet extrait mêle les dimensions énergétiques, économiques et culinaires. Mais, à la fin, l'autrice met l'accent sur la dimension alimentaire – en opposant deux aliments en fonction du désir supposé qu'ils susciteraient : là où la viande ferait envie, les lentilles feraient pâle figure. Les derniers mots de ce paragraphe, qui se conclut par un « ça promet » parfaitement sarcastique, ne questionnent absolument pas le rôle de la production de produits carnés dans l'émission des gaz à effet de serre, mais la nourriture à travers la seule envie que l'on aurait de déguster tel ou tel produit.

Dans ce cadre, qui moque en outre le caractère dogmatique supposé de l'écologie (en mélangeant un nombre important de sujets, certains bénéficiant d'une abondante littérature scientifique alors que d'autres sont d'abord liés à des croyances), le goût et l'envie de nourriture deviennent des objets politiques, sur fond de bataille culturelle opportunément instrumentalisée.

Exemple 2 : Monde sans viande, monde sans gastronomie

« Un bon vin, une bonne viande, un bon fromage : c'est la gastronomie française. Le meilleur moyen de la défendre, c'est de permettre aux Français d'y avoir accès. »

Tweet publié par le député Fabien Roussel, du Parti communiste français, le 9 janvier 2022[14].

14. Voir twitter.com/Fabien_Roussel/status/1480141967212400642.

Largement commenté et relayé dans les médias, débattu par d'autres femmes et hommes politiques dans un contexte de campagne présidentielle française, cette publication de l'élu communiste est emblématique de la bouffopolitique : elle souligne à la fois la dimension hédonique du rapport à la nourriture (le plaisir) et l'attachement à des traditions installées dans l'alimentation (la culture). Ce message démontre en outre que l'articulation de la nourriture et du plaisir traverse toutes les sensibilités politiques, en fonction de leurs trajectoires et de leurs cibles électorales – mais aussi, et tout simplement, en fonction de l'attachement lié aux expériences gustatives de chacun. Dans cette citation, la profusion de qualificatifs positifs (« bon vin », « bonne viande », « bon fromage ») fait appel à l'imaginaire collectif de la convivialité[15].

Exemple 3 : Monde sans viande, monde sans plaisir
« Alors je sais : la cuisine c'est quand même avant tout du plaisir. Quand on fait à manger, on n'a pas forcément envie de se prendre la tête pour savoir combien de CO_2 ça émet, si ça pollue ou pas, si ça fait mal à l'environnement ou pas. On a surtout envie de se faire plaisir, de faire plaisir à ses proches, et de pas se compliquer la vie. Mais le truc, c'est qu'en fait, il y a des moyens très simples de manger de façon plus

15. Cet état de fait a notamment été mis en lumière grâce aux travaux de Clémentine Hugol-Gential, professeure à l'Université de Bourgogne et spécialiste des questions sur le rapport entre alimentation, santé et plaisir. Voir *Bien et bon à manger. Penser notre alimentation du quotidien à l'institution*, Éditions Universitaires de Dijon, 2018.

écologique, en se faisant tout autant (voire plus) plaisir, et en même temps en protégeant sa santé et son porte-monnaie. »

Extrait d'un billet du blog Couteaux et Tire-Bouchons, publié le 11 janvier 2017[16].

Parmi les nombreux récits qui circulent autour de la bouffopolitique, il est important de souligner la manière dont certaines parties prenantes se réapproprient la dimension liée au plaisir. Un nombre croissant d'influenceurs, de cuisiniers, de blogueurs et de youtubeurs proposent des astuces et des recettes culinaires compatibles avec l'écologie, tout en mettant le goût et le plaisir au centre de leur démarche – ce qui est plutôt louable.

Dans l'extrait que nous avons choisi ici, nous pouvons voir à quel point la démarche écologique se retrouve dans une position de justification, voire d'excuse. En effet, certains acteurs veulent montrer que nourriture écologique peut rimer avec plaisir, en tentant d'évacuer les récits négatifs ou culpabilisants qui animent les sujets liés à la nourriture. Cette stratégie est intéressante, puisqu'elle sépare plaisir et écologie du point de vue rhétorique en parvenant à les réconcilier dans la pratique. D'après ce schéma narratif, l'une des solutions serait de pouvoir ostensiblement reconnecter plaisir et nourriture écologique, en effaçant l'impression de privation. Reconnexion aisément permise par la créativité que permet par excellence la cuisine.

---

16. Voir couteaux-et-tirebouchons.com/manger-cuisiner-ecologique-environnement.

Exemple 4 : Monde sans viande, monde sans politique

« Ne manger que du tofu et des graines de quinoa en fumant des joints peut provoquer des politiques graves ! La véritable écologie, c'est le localisme, pas l'écolo-gauchisme qui ferme Fessenheim : fermer une centrale nucléaire, c'est ouvrir une centrale à charbon ou à gaz. »

Tweet du sénateur Stéphane Ravier,
de Reconquête !, le 10 mai 2021[17].

Certains élus d'extrême droite participent également à la récupération de certaines controverses autour de la bouffopolitique. C'est parfaitement logique, dans la mesure où la nourriture s'inscrit, en France, dans une dimension patrimoniale, qui peut motiver les desseins politiques des partis d'extrême droite, ainsi que des mouvances nationalistes ou identitaires.

Il est important de noter qu'une fois de plus, comme dans le cas des discours climatosceptiques, les discours conservateurs autour de la bouffopolitique réactivent des récits qui s'opposent aux nécessaires prises de décision face au changement climatique. Dans le tweet cité, les clichés alimentaires (« tofu », « graines de quinoa ») sont renvoyés à des imaginaires de consommation de drogue douce (« en fumant des joints »), le tout amalgamé aux questions énergétiques sur le nucléaire, le charbon et le gaz. Si cet ensemble peut paraître incohérent dans la variété des sujets

17. Voir twitter.com/Stephane_Ravier/status/1391808155957485573.

qu'il tente d'administrer, il n'en reste pas moins que la rhétorique produit son effet : en disqualifiant l'écologie et ses « politiques graves », ce discours choisit de s'appuyer sur un imaginaire d'authenticité, avec le « localisme » (quelle qu'en soit la définition, dans la mesure où le terme est employé de manière très évasive). Outre le goût et le plaisir, c'est ici l'authenticité, couplée avec une vision idéalisée de l'appartenance culturelle, qui est clairement mobilisée.

EXPÉRIENCE 3

La nourriture est un sujet sensible, et il est facile de s'adonner à une petite expérience entre amis ou en famille. Pour cela, il suffit d'amener la question écologique, en essayant de parler des nécessaires ajustements à faire du point de vue alimentaire.

Observez les arguments ou contre-arguments des personnes présentes : pourquoi refusent-elles de changer d'habitudes alimentaires ? S'agit-il d'un attachement affectif, culturel ou identitaire ? S'agit-il plutôt de représentations liées au plaisir gustatif ?

Par exemple, la question d'une diminution de la consommation de viande passe nécessairement par un retour à l'imaginaire de légumes fades ou mal cuisinés. Vous pourrez convaincre les personnes les plus réticentes en travaillant la question du goût, en proposant des recettes, en expliquant l'intérêt des alternatives aux produits carnés (du point de vue de la texture, le seitan ou la protéine de soja texturé sont, par exemple, particulièrement convaincants), et en remettant les légumes ou les légumineuses au cœur de l'assiette.

À RETENIR DE CE CHAPITRE

- La nourriture et l'alimentation font partie des sujets de tension dans les controverses écologiques, une réalité renforcée par les risques de pénurie et les destructions environnementales en lien avec le changement climatique.

- Les controverses autour de la nourriture sont notamment liées à des questions de goût et de plaisir, alors que les exigences écologistes sont parfois dépeintes comme peu plaisantes, éloignées de cette dimension hédonique. Il ne faut pas hésiter à valoriser les notions de goût et de plaisir, car il s'agit d'un ciment social fondamental du point de vue culinaire ; la cuisine végétarienne ne doit pas échapper à cette dimension.

- Outre les considérations gustatives, la nourriture est également liée à des notions d'authenticité et d'identité : on parle alors de « terroir », ce qui montre qu'il est impossible de séparer cuisine et culture.

- Si les ennemis de l'écologie critiquent l'absence de plaisir dans les choix culinaires compatibles avec l'urgence climatique, plusieurs acteurs tentent de se réapproprier la dimension de plaisir afin d'en finir avec le cliché d'écologie punitive dans l'assiette.

INFORMER ET SENSIBILISER À L'HEURE DE #DONTLOOKUP : LE RÔLE CENTRAL DES MÉDIAS

En 2021, le film américain *Don't Look Up : Déni cosmique*, réalisé par Adam McKay, est sorti sur la plateforme Netflix. Cette satire, où se côtoient Leonardo DiCaprio, Jennifer Lawrence et Meryl Streep, raconte comment deux scientifiques, après avoir découvert qu'une collision dramatique allait se produire entre la Terre et une comète, tentent en vain de faire réagir le pouvoir politique américain, et de prévenir la population *via* les médias. Mais ceux-ci tournent aussitôt leur alarme en dérision, sans jamais la prendre vraiment au sérieux. On peut y voir un parallèle avec la situation des scientifiques du monde entier, et plus particulièrement du GIEC, qui alertent sans succès les États et les décideurs politiques depuis plusieurs décennies sur les conséquences du changement climatique.

Malgré ses codes très occidentaux et son sujet, éloigné *a priori* de la crise bioclimatique, ce film est devenu immédiatement après sa sortie un symbole mondial de l'inaction climatique. Non seulement le hashtag #Dontlookup est devenu l'un des plus populaires sur les réseaux sociaux, mais les écologistes du monde entier s'en sont eux-mêmes emparés pour montrer que l'inaction climatique était à la fois de la responsabilité du monde politique et de celle des médias.

Une nouvelle voie critique étant ouverte, plusieurs médias français ont signé et publié, le 14 septembre 2022, une *Charte pour un journalisme à la hauteur de l'urgence écologique*, dont le texte intégral est disponible en ligne[1]. La charte stipule que ses signataires, parmi lesquels *Vert*, *Reporterre*, RFI, *Mediapart*, France 24, *Blast*, *Alternatives économiques*, *Climax*, *Les Jours* ou encore *20 minutes*, s'engagent à traiter l'urgence climatique avec sérieux et à fournir aux lecteurs toutes les informations scientifiques nécessaires à une connaissance approfondie des enjeux climatiques ; un engagement également soutenu par plusieurs scientifiques. Cette opération, unique en son genre, est historique : pour la première fois, elle a mis en lumière le rôle fondamental des médias dans la circulation d'une information à la mesure des enjeux climatiques, dans un contexte où la

1. Voir chartejournalismeecologie.fr.

désinformation, y compris politique, empêche souvent de se figurer l'ampleur du changement climatique et des solutions pour y répondre.

L'écologie dans le paysage médiatique

Pour mieux cerner le rôle central des médias dans la sensibilisation au changement climatique et la diffusion d'informations fiables et sérieuses, il faut s'intéresser aux principales figures qui incarnent la cause écologique dans la sphère médiatique. Pour la chercheuse britannique Alison Anderson[2], les personnes célèbres jouent en effet un rôle déterminant en tant que porte-voix et relais capables d'imposer le sujet du climat dans les médias, pour autant qu'elles soient crédibles dans leur combat et génèrent le moins d'ambivalence possible (même Greta Thunberg fut critiquée après avoir choisi de rejoindre l'Amérique du Nord en bateau plutôt qu'en avion, à l'été 2019).

En France et ailleurs, ces hérauts de la lutte contre le changement climatique ont émergé de manière singulière : là où, d'ordinaire, quelques célébrités hollywoodiennes s'emparent de diverses causes sociales, le mouvement climat a créé ses propres figures de sensibilisation et d'information.

---

2. Alison Anderson, *« Sources, media and modes of climate change communication: The role of celebrities »*, *WIREs climate change*, 2011, 2 (4), p. 535-546.

En France, on compte ainsi des figures militantes comme Camille Étienne ou Teïssir Ghrab, des réalisateurs tel Cyril Dion, des scientifiques comme Valérie Masson-Delmotte ou Aurélien Barrau. Progressivement, année après année, ces figures ont réussi à porter un discours qui a désormais toute sa place dans l'univers médiatique – une situation à laquelle a largement contribué Greta Thunberg. De fait, au moment des marches pour le climat en France, après l'émergence d'organisations comme Youth For Climate, c'est toute une génération qui est devenue de plus en plus audible et a suscité l'attention des médias.

Informer sur le climat : un défi

La sensibilisation à la cause climatique à travers les médias présente plusieurs difficultés, du fait déjà des normes éditoriales en matière de traitement de l'information : le nombre de signes pour les articles, le temps d'antenne pour les sujets audiovisuels, la ligne éditoriale – sans même parler des contraintes liées aux formats (papier, vidéo, en ligne, etc.) : toutes ces spécificités conditionnent la manière dont les médias vont pouvoir (ou pas) parler du changement climatique.

En 2009, le politologue britannique Neil Gavin[3] a montré par ailleurs que la dimension internationale du changement

3. Neil Gavin, *«Addressing climate change: A media perspective»*, *Environmental politics*, 2009, 18 (5), p. 765-780.

climatique fragilisait son traitement médiatique. D'après ses travaux, cette dimension empêche la traduction de l'urgence climatique en actes politiques à l'échelle locale, et donnerait aux individus l'impression d'un défi trop grand, trop large, trop vain. Certains commentateurs plaident même pour une réduction des efforts de la France sur le front de l'écologie sous prétexte qu'elle ne représenterait qu'un faible pourcentage des émissions de gaz à effet de serre sur la planète. Cet argument occulte totalement la responsabilité historique du pays en la matière, sans même parler de l'empreinte carbone de sa consommation du fait des importations de marchandises, par exemple.

D'après James Painter, directeur du programme d'études en journalisme de l'Institut Reuters de l'Université d'Oxford[4], la difficulté à traiter du changement climatique dans les médias est également due à sa complexité inhérente. En effet, il ne s'agit pas d'un fait divers ou d'un clivage politique, mais bien d'un phénomène dont les incertitudes sont constantes, dont les modèles prévisionnels sont périodiquement revus et dont les risques sont polymorphes. Difficile d'isoler des informations simples et claires pour traiter d'un phénomène aussi dense, truffé d'études scientifiques, de visualisations, de données brutes et de spéculations quant aux conséquences concrètes pour la vie quotidienne de milliards d'individus.

4. James Painter, *Climate change in the media. Reporting risk and uncertainty*, I.B. Tauris, 2013.

Médias et climat : oser la complexité

Mais, là aussi, il s'agit pour les journalistes de faire un pas vers un traitement différent de l'information – une information caractérisée par deux aspects complémentaires : une part de risque et d'incertitude, difficile à traiter mais urgente à raconter (pour Maxwell Boykoff[5], chercheur à l'Université de Boulder du Colorado, la dimension fortement narrative du changement climatique constitue même un atout non négligeable du point de vue médiatique) ; une part chiffrée qui permet de donner des éléments d'information sérieux et faciles à communiquer. Cette alliance de la charge narrative et scientifique est probablement l'une des clés majeures pour un traitement informationnel et médiatique efficient de la cause climatique.

L'une des pistes pour une présence constante de l'urgence climatique dans le paysage médiatique serait encore de sortir de la communication scientifique pure, sans pour autant la renier, bien sûr, mais en veillant à la rendre non seulement accessible, mais aussi la plus parlante et concrète possible pour le plus grand nombre. Il y a, de fait, une énorme différence d'impact entre la publication d'un article de vulgarisation dans la presse et le passage d'une figure de la cause écologique dans une émission de Cyril Hanouna ; deux exercices de style, il faut bien le dire, fondamentalement différents…

5. Maxwell Boykoff, *Who speaks for the climate? Making sense of media reporting on climate change*, Cambridge University Press, 2011.

La spécificité des médias écologiques : le monde vu par le prisme climatique

Même si, comme le rappelle le spécialiste des médias John Parham[6], l'écologie est, depuis longtemps, un sujet médiatique, son incarnation dans le contexte du changement climatique, plus récent, a changé la donne. Plusieurs médias engagés sont nés et, avec eux, un nouveau mode de traitement journalistique de l'écologie, qui a pris en compte l'accélération de l'urgence climatique. En France, on peut citer la création de *Reporterre* par Hervé Kempf en 2007, ou encore celle de *Vert* en 2020 par Loup Espargilière et Juliette Quef. De la newsletter au fanzine créatif (comme *Climax*) en passant par les médias satiriques (comme *Malheurs Actuels*, lancé en août 2022), les formes sont très variables.

En dépit de cette variété, ces nouveaux médias ont tous un but commun : faire des sujets liés à l'écologie, à l'environnement, au réchauffement climatique et à la biodiversité leur cœur de métier. À la manière de journaux tels *Les Échos* qui ont pour spécialité de traiter des questions économiques et financières, ces médias verts s'emparent de l'urgence climatique en tant qu'experts sur le sujet. Ce faisant, ils s'engouffrent dans la brèche laissée souvent béante par les médias traditionnels, qui ont longtemps traité ce phénomène comme une rubrique isolée et déconnectée des autres faits politiques, économiques et sociaux. Bien évidemment,

6. John Parham, *Green media and popular culture: An introduction*, Palgrave Macmillan, 2016.

la pratique du journalisme environnemental n'est pas une nouveauté[7] et a souvent été liée à des enquêtes de terrain et des investigations dans des pays où des industries se rendaient coupables d'actions polluantes.

Cela étant, la création de médias dédiés au traitement de l'actualité climatique représente un nouveau cap : là où les médias traditionnels n'ont jamais traité de manière cohérente ni les actions militantes (comme celles de Greenpeace, dont la force, depuis le début, est justement de savoir jouer avec les codes médiatiques), ni les catastrophes climatiques, au contraire, les médias écologistes (ou verts) ont fait du réchauffement climatique le prisme structurant au travers duquel tous les autres sujets sont analysés (économiques, sociaux, politiques, culturels, etc.). C'est une spécificité de taille : la ligne éditoriale consiste à faire de l'urgence climatique un levier d'information, d'engagement, de sensibilisation et de mobilisation de tous ordres (politique, social, économique…). Si ce phénomène est récent, du moins en France, il y a fort à parier que d'autres médias climatiques feront leur apparition dans les années à venir.

7. David Sachsman et JoAnn Myer Valenti, *Routledge handbook of environmental journalism*, Routledge, 2020.

Le mauvais traitement de l'information et ses conséquences

Comprendre le positionnement des médias, c'est aussi analyser le rôle qu'ils ont pu jouer dans une forme de désinformation ou de sous-information concernant le réchauffement climatique, en décorrélant phénomènes météorologiques exceptionnels et bouleversement climatique mondial. Il ne s'agit évidemment pas de rejeter la faute du manque d'information sur l'intégralité des médias, qui subissent par ailleurs des pressions financières, manquent de moyens et sont en pleine réinvention de leur modèle économique depuis qu'Internet a ouvert le champ concurrentiel de la circulation de l'information. Il s'agit plutôt d'étudier comment mettre à disposition du plus grand nombre l'ensemble des connaissances au sujet de l'urgence environnementale, et d'éviter la spirale technocratique, et paradoxalement dépolitisante liée au changement climatique, décrite par le médialogue Jean-Baptiste Comby[8]. En effet, d'après ses travaux, l'écologie a longtemps été abordée prioritairement en fonction du traitement politique qui en était fait (*via* le Grenelle de l'environnement en 2007, par exemple), et non en fonction des conséquences réelles de l'écologie sur la vie des individus. Ainsi, le sujet était perçu comme un problème technique, voire technocratique, que l'État avait à charge de régler – le rendant inaccessible ou inintéressant pour la plupart des citoyens.

---

8. Jean-Baptiste Comby, « La politisation en trompe-l'œil du cadrage médiatique des enjeux climatiques après 2007 », *Le Temps des médias*, 2015, 25 (2), p. 214-228.

La *Charte pour un journalisme à la hauteur de l'urgence écologique* a ainsi été écrite pour pointer et résorber les mauvais traitements médiatiques infligés aux événements en lien avec le climat – soit parce que les journalistes taisaient totalement ou partiellement ce lien, soit parce qu'ils donnaient l'impression que les effets du changement climatique étaient surévalués ou ne méritaient pas qu'on les prenne au sérieux. Cela a ainsi été le cas lors des vagues de chaleur qui ont frappé le territoire français à l'été 2022 : certains articles de presse étaient accompagnés de photos de vacanciers profitant d'une baignade au soleil, ou de glaciers heureux d'écouler leur stock.

Ce type de traitement a été parfaitement bien analysé par Juliette Quef pour le média *Vert* dont les exemples qui suivent sont issus[9].

Exemple 1 : Quel bonheur, cette chaleur !

« Une canicule heureuse »

Une du quotidien limousin *Le Populaire du Centre*, publiée le 23 août 2022.

D'ici quelques années, espérons-le, il paraîtra ahurissant qu'une telle une ait pu être assumée par une rédaction entière (ou en tout cas par un rédacteur en chef), alors même que la vague de chaleur qui frappait le pays provoquait hospitalisations, décès, assèchement des sols, feux de forêt et destruction de cultures. Précisons que le lendemain

9. Voir vert.eco/articles/climat-apres-cet-ete-brulant-les-grands-medias-sont-ils-a-un-tournant.

de la publication de cette une, le rédacteur en chef Olivier Chapperon publia un *mea culpa* dans le journal *La Montagne*[10]. Sans jeter l'opprobre sur la presse quotidienne régionale qui fait par ailleurs un travail d'information remarquable, ce genre de dérapage est emblématique du sort qui est réservé aux informations en lien avec la crise climatique.

Exemple 2 : Les joies du réchauffement

« Dans les parcs aquatiques, la fréquentation atteint des sommets offrant aux vacanciers, rafraîchissement et amusement. Les enfants ont leurs préférences. "Les toboggans, la piscine, les vagues", s'enjouent-ils, à côté de leur mère, heureuse de l'activité proposée. "Ils sont tout le temps dans l'eau, comme ça, ils se rafraîchissent." Ces parcs ont vu leur fréquentation bondir de 15 %, une aubaine pour les propriétaires. "On a eu un temps exceptionnel. La canicule ça nous aide", avoue l'un d'eux, heureux d'avoir vu ses piscines et toboggans remplis tout l'été. Sur la plage, un glacier fait le même constat, il réalise l'un de ses meilleurs étés. Une prospérité qui devrait durer encore quelques jours. Les températures devraient encore dépasser les 30 degrés jusqu'à la fin de semaine. »

Extrait de l'article « Météo : les gagnants de l'été caniculaire » publié sur le site de France Info le 24 août 2022, après un passage le 23 août dans le journal de 12 heures sur France 2[11].

---

10. Voir lamontagne.fr/limoges-87000/actualites/une-une-malheureuse_14175757.
11. Voir francetvinfo.fr/meteo/canicule/meteo-les-gagnants-de-l-ete-caniculaire_5323969.html.

Cet extrait est l'exemple parfait d'une forme caractérisée de « dontlookupisme ». Ici, donc, il s'agit de montrer la manière dont parcs aquatiques et glaciers ont profité des chaleurs caniculaires pour faire des chiffres d'affaires intéressants : on ne sait pas bien quelle a été la volonté de la journaliste qui a écrit ces lignes, au beau milieu d'un été particulièrement incendiaire. C'est tout un champ lexical du plaisir qui émaille ce naufrage discursif : « amusement », « s'enjouent-ils », « aubaine », « heureux », « meilleurs », « prospérité ». À la fin de l'article, on en viendrait presque à se dire que la cavalcade des températures au-dessus des normales saisonnières constitue en fait une véritable chance.

Ce genre de traitement médiatique n'informe pas sur la réalité de l'urgence climatique ; il isole un événement directement lié à cette réalité, pour en faire un atoll informationnel déconnecté du reste du monde, et le traiter comme tel.

Exemple 3 : Luxe et pollution

« Dans le désert marocain, l'homme Saint Laurent impose sa sobriété.
Vendredi 15 juillet, c'est dans le désert d'Agafay, au Maroc, qu'Anthony Vaccarello a choisi de présenter sa collection homme printemps-été 2023. Un vestiaire à la simplicité assumée, dans un décor époustouflant. »

Titre et chapeau d'un article publié par le journal *Le Monde*, le 18 juillet 2022, à propos d'un défilé organisé par la maison Saint Laurent dans le désert marocain[12].

---

12. Voir lemonde.fr/m-mode/article/2022/07/18/dans-le-desert-marocain-l-homme-saint-laurent-impose-sa-sobriete_6135210_4497335.html.

Le même été, alors que les vagues de chaleur s'installent depuis plusieurs semaines, c'est le prestigieux journal *Le Monde* qui succombe à la déconnexion climatique en traitant de la mode (dont on connaît pourtant l'impact carbone et le coût environnemental des événements organisés par certaines maisons de haute couture) comme d'un sujet inoffensif. Ainsi, nulle évocation des contraintes techniques et logistiques liées à la mise en place du défilé en plein désert marocain, de l'acheminement de l'ensemble des personnes et du matériel (probablement par voie aérienne, puis *via* d'autres moyens de transport polluants), de l'installation du défilé sur le site (et de ses conséquences pour la faune et la flore)…

Au-delà de cet événement, il faudrait s'inquiéter des effets de pollution durables de l'industrie textile qui est souvent montrée du doigt pour son impact négatif sur l'augmentation des gaz à effet de serre, de la *fast fashion* (ou « mode jetable ») à la haute couture, à vrai dire aussi néfaste que les autres types de production vestimentaire. Ces effets sont connus et mesurables depuis longtemps. Il est donc particulièrement dérangeant qu'un journal comme *Le Monde*, dont l'exigence informationnelle est censée être exemplaire, taise les liens entre mode et climat.

En vérité, cela témoigne d'un traitement très segmenté des thématiques par les journaux (et donc de la réalité professionnelle et éditoriale qui est la leur en interne), là où l'urgence climatique nécessite un traitement systémique de ces sujets.

Exemple 4 : L'eau, une ressource accessoire ?

« Ce maraîcher parvient à faire pousser ses légumes sans une seule goutte d'eau.
Sur son plateau à Marcoussis (Essonne), Marc Mascetti n'a pas d'eau. Alors, comme son grand-père avant lui, il n'irrigue pas ses légumes. »

Titre et chapeau d'une vidéo publiée par le journal *Le Parisien*, le 2 août 2022, à propos d'une technique de maraîchage sans eau[13].

Le cas de ce maraîcher a été traité plusieurs fois par de nombreux médias, mais toujours avec peu ou prou la même ligne éditoriale : montrer que la sécheresse n'est pas une fatalité et qu'il est possible de cultiver des végétaux comestibles sans une seule goutte d'eau. En pleine vague de chaleur, ce type d'information semble donner un espoir précieux. En réalité, il n'offre que très peu d'éléments de compréhension technique ou scientifique du sujet : on n'apprend rien sur la composition spécifique des sols cultivés par le maraîcher en question, sur la présence d'humidité dans le sol malgré le manque d'eau, ou simplement sur les moyens qui permettraient, à long terme, de répliquer cette technique en fonction des spécificités de chaque terroir.

Le traitement de cette méthode, outre qu'il lui donne une apparence miraculeuse, sous-entend deux choses cruciales :

13. Voir leparisien.fr/video/video-ce-maraicher-parvient-a-faire-pousser-ses-legumes-sans-une-seule-goutte-deau-02-08-2022-HSFPH6I35NEJZPOBO6SWPIDGEU.php?ts=1663075296856.

– le manque d'eau ne serait pas un problème si important (et donc le climat peut bien poursuivre son emballement sans que cela bouleverse notre vie) ;
– cette anecdote maraîchère s'inscrit dans une généalogie familiale et historique, selon laquelle nos grands-parents, argument climatosceptique par excellence, ont eux aussi connu des événements météorologiques exceptionnels.

Alors même que l'existence d'une technique de maraîchage sans eau peut constituer une réelle source d'inspiration, son traitement est déconnecté de toute donnée scientifique vérifiable, de toute information pédagogique sur le procédé, et de tout rappel du fait que l'urgence climatique, malgré ce type d'exception, constitue une règle qui va bouleverser l'ensemble de notre quotidien dans les années à venir – et a déjà commencé à le faire.

EXPÉRIENCE 4

N'hésitez pas, de votre côté, à prendre le temps d'analyser les journaux, sites, médias, émissions que vous lisez, regardez – quels qu'ils soient, et indépendamment de leur ligne éditoriale.
Quand une actualité présente des liens évidents avec le réchauffement climatique, est-ce que ces liens sont mis explicitement en lumière par les journalistes ? Quels sont les sujets (la politique, l'économie, la société, l'agriculture, la culture...) qui font ressortir le plus ces liens ? Pourquoi cette différence de traitement éventuel, et qu'est-ce que cela trahit de notre vision de ces sujets ?

Qu'est-ce qui rend, selon vous, le traitement systémique de l'urgence climatique difficile en fonction de tel ou tel journal ? Pourquoi ? Est-ce en rapport avec sa ligne éditoriale, avec son appartenance à tel groupe de presse ou avec d'autres facteurs potentiels ?
De précieux outils existent pour vous permettre d'avoir un œil averti lorsque vous êtes confronté à des informations produites par les médias généralistes au sujet du climat, notamment le guide de bonne conduite des Nations unies[14], le média *Vert*[15], l'étude de *Reporters d'Espoirs* sur le climat et les médias[16], ou encore les travaux de *Méta-Media* sur l'évolution du traitement médiatique du changement climatique[17].

14. Voir news.un.org/fr/story/2022/10/1128567.
15. Voir vert.eco/articles/climat-apres-cet-ete-brulant-les-grands-medias-sont-ils-a-un-tournant.
16. Voir reportersdespoirs.org/wp-content/uploads/2020/07/Etude_Climat_Reporters-dEspoirs_07072020.pdf.
17. Voir meta-media.fr/2020/07/24/etude-le-changement-climatique-vu-par-les-medias.html.

À RETENIR DE CE CHAPITRE

- Le fait que des médias se consacrent exclusivement à la crise climatique est une nouveauté qui s'inscrit dans une histoire du traitement journalistique de l'environnement.

- La particularité des médias qui se consacrent à l'urgence climatique est leur ligne éditoriale : elle traite l'ensemble des sujets économiques, sociaux et politiques au prisme du changement climatique.

- Dans le paysage médiatique, l'écologie et le climat sont portés par des figures dédiées qui ont massivement émergé pendant les manifestations contre la loi climat, en lien avec le renouveau des milieux écologistes militants. Cette réalité permet de contrebalancer le traitement des médias généralistes qui ne parviennent pas encore à traiter les questions climatiques avec le sérieux nécessaire, hormis quelques exceptions notables.

- La communication scientifique ne suffit pas pour faire parler de la cause climatique ; il faut pouvoir s'appuyer à la fois sur le haut potentiel narratif de l'urgence climatique et sur des figures fortes pour incarner et raconter cette urgence.

RÉCITS D'APPARENCE : POSITIONNEMENTS PUBLICS ET INTÉRÊTS PRIVÉS

LE GREENWASHING : QUAND LA BELLE HISTOIRE NE SUFFIT PAS

Si l'écologie a à voir avec les discours, elle a surtout à voir avec les actes. Alors que les acteurs économiques ou publics se positionnent de plus en plus nombreux en faveur de l'écologie, les écarts entre les discours et les actes sont importants. D'où l'apparition d'un nouveau terme, greenwashing (ou « écoblanchiment », en bon français), dont l'avènement est décrit dès 1996[1]. Il désigne, au sens propre, un « verdissement d'image », soit l'attribution abusive de qualités écologiques à un produit, une marque ou un service. Il est souvent appliqué pour critiquer les prises de position de certaines entreprises ou de certains groupes industriels,

1. Tom Athanasiou, *« The age of greenwashing »*, *Capitalism nature socialism*, 1996, 7 (1), p. 1-36.

accusés de prendre des mesurettes dérisoires ou de faire de la communication mensongère, en décalage avec les véritables actions. De fait, si une entreprise fait une campagne publicitaire en vantant les vertus écologiques d'un produit, alors que ce même produit est fabriqué en déversant des substances polluantes dans l'atmosphère ou dans l'environnement, on peut, à coup sûr, parler de « greenwashing ». Dans ce cas, il s'agit de nettoyer l'image de l'entreprise, ou, littéralement, de la repeindre en vert.

Ainsi, le greenwashing est d'abord affaire de perception, puis de vérification : c'est parce que l'on perçoit un décalage, et que ce décalage est vérifié par l'analyse de la conformité des actes aux discours, que l'on peut ensuite taxer de greenwashing telle ou telle entreprise ou activité.

Dans l'espace médiatique, de nombreuses affaires ont permis à cet anglicisme de faire florès : par exemple, en 2022, les accusations de greenwashing ont été nombreuses lorsqu'il a été annoncé que la firme Coca-Cola serait le sponsor officiel de la COP 27[2], alors qu'on sait que l'entreprise américaine produit une pollution plastique désastreuse pour l'environnement. Plus largement, les campagnes publicitaires de bon nombre d'entreprises sont régulièrement critiquées par des ONG ou des associations écologistes. Plusieurs ONG (Greenpeace France, Les Amis de la Terre et Notre Affaire à Tous) ont ainsi assigné TotalEnergies en justice, en mars 2021, pour pratiques commerciales trompeuses

2. La COP, ou Conférence des parties, est une convention internationale dédiée à l'urgence climatique.

– en appuyant précisément leur accusation sur le recours explicite au greenwashing. Il s'agit donc d'un phénomène parfaitement identifié, qui met en scène l'affrontement de plusieurs types de récits autour de la question climatique et environnementale.

Les stratégies du greenwashing

Le greenwashing constitue d'abord une pratique communicationnelle, qui a fait l'objet de nombreux travaux scientifiques depuis le début des années 2000. Attestée, scrutée et analysée, cette pratique s'incarne prioritairement dans le choix des mots : le greenwashing consiste en l'utilisation de termes, souvent flous, qui donnent l'impression d'un réel engagement écologique. La plupart du temps, ce procédé est utilisé pour faire vendre des produits ou des services, ou pour faire adhérer à des politiques publiques ou à des événements. En tant que méthode foncièrement discursive, le greenwashing exploite plus largement des failles dans notre perception, en employant un certain nombre de stratégies sémiotiques (qui se servent des signes et des symboles pour guider notre compréhension). En jouant sur le sens, textuellement et/ou visuellement, le greenwashing forge des impressions qui influencent nos représentations : il est une opération cognitive, qui nous incite à penser d'une certaine manière.

Signalons que les stratégies du greenwashing sont nombreuses mais qu'elles reposent toujours sur la perception que les discours d'un acteur (public ou économique) invitent à avoir sur ses propres actions ; autrement dit, toute action de greenwashing représente une manipulation qui tente de donner une image positive d'un acteur.

Des apparences trompeuses

Parmi les cas les plus intéressants de greenwashing, nous pouvons citer la campagne publicitaire du sucrier Daddy qui, à la fin de l'année 2020, a opéré un virage vert assez remarquable avec un changement de packaging de ses produits, une végétalisation de son message et un verdissement de l'image de son sucre.

Tout d'abord, le packaging du sucre est en effet passé du rose au papier kraft, un matériau brut qui évoque immédiatement les sachets qu'on utilise chez le primeur, au marché ou dans les magasins bios – on est très loin de la dimension industrielle sucrière qui produit un volume important de gaz à effet de serre.

Outre le packaging, le discours lui-même assimile le sucre à un produit végétal, en appelant à la rescousse la betterave et son image de légume sain : avec le slogan « Au commencement, Daddy est végétal », la marque tente de végétaliser (donc de verdir) l'image du sucre, tout en donnant l'impression que ce dernier est bon pour la santé (là où l'abus de sucre s'avère pourtant particulièrement néfaste).

En ajoutant des images de feuilles de betterave à sa publicité, Daddy a pour ainsi dire bouclé la boucle et fini de verdir son produit phare, au mépris de la réalité de la production industrielle betteravière.

On peut citer encore le verdissement du logo de McDonald's en France, qui a abandonné le rouge pour le vert. Et les exemples pullulent : petites capsules de couleur verte pour Nespresso, emballage vert pour les canettes de Coca-Cola et pour les barils de lessive Le Chat. Toutes ces opérations renvoient, consciemment ou non, à des réalités et à des représentations qui peuvent donner une impression de greenwashing.

La mise à mal de la cohésion interne des structures

N'oublions pas qu'un acteur qui se positionne explicitement en faveur de l'écologie ne parle pas seulement à ses cibles externes, mais également à ses parties prenantes en interne, comme les salariés. Les travaux de chercheurs en finance[3] ont notamment montré à quel point la démarche

3. Lois Mahoney, Linda Thorne, Lianna Cecil et William LaGore, *« A research note on standalone corporate social responsibility reports: Signaling or greenwashing? »*, *Critical perspectives on accounting*, 2013, 24, p. 350-359.

RSE (responsabilité sociétale des entreprises) est importante, dans la mesure où elle peut modifier l'image que des collaborateurs ont de leur propre structure. Dans ce sens, le greenwashing est capable de fragiliser le quotidien d'une organisation, mais aussi plus largement d'abîmer la valeur symbolique des entreprises et des acteurs économiques dans la sphère publique.

C'est ce qu'a montré Frances Bowen, spécialiste du management environnemental[4] en établissant que l'accusation de greenwashing n'entachait pas seulement l'image d'une entreprise, mais discréditait l'ensemble des acteurs économiques lorsqu'ils parlaient d'engagement climatique. Il en va des entreprises comme du monde politique, bien évidemment, qui n'échappe pas à cette perception négative lorsque les mesures prises semblent en décalage avec les déclarations de principe.

Le verdissement des stratégies commerciales

On pourra aisément répliquer, à raison, que les contraintes commerciales qui pèsent sur les entreprises sont importantes ou qu'il n'est pas simple de modifier la chaîne de production

4. Frances Bowen, *After greenwashing: Symbolic corporate environmentalism and society*, Cambridge University Press, 2014.

de filières entières en six mois. De fait, il n'est pas non plus facile de trouver le bon équilibre entre la politique RSE, les techniques de fabrication, et la stratégie publicitaire qui s'échine à vouloir parler aux consommateurs en prenant appui sur leurs désirs et leurs représentations. Toutefois, plusieurs travaux montrent que plus une entreprise verdit son image *via* la communication ou la publicité sans verdir conjointement ses processus de fabrication, moins elle séduit ses cibles.

De même, d'après une étude publiée dans le *Journal of Business Ethics*[5], les consommateurs et les consommatrices opposent une réaction de méfiance, à partir du moment où ils perçoivent un écart entre la communication d'une marque ou d'une collectivité et les actions concrètes. Ainsi, verdir une communication ne ferait que renforcer le décalage entre les paroles et les actes. CQFD : si la stratégie environnementale d'un acteur n'est pas au point, mieux vaut éviter de prétendre le contraire[6].

Dans le même ordre d'idées, d'après des chercheurs en communication[7], plus une entreprise fait des efforts pour construire un discours vert (et quand bien même ce discours se vérifierait dans les faits), plus ses actions sont

---

5. Gergely Nyilasy, Harsha Gangadharbatla et Angela Paladino, « *Perceived greenwashing: The interactive effects of green advertising and corporate environmental performance on consumer reactions* », *Journal of Business Ethics*, 2014, 125, p. 693-707.

6. C'est ce que défend le professeur Thierry Libaert dans ses travaux sur la communication environnementale. Voir *Communication et environnement, le pacte impossible*, Puf, 2010.

7. Menno De Jong, Karen Harkink et Susanne Barth, « *Making green stuff? Effects of corporate greenwashing on consumers* », *Journal of business and technical communication*, 2018, 32 (1), p. 77-112.

perçues comme du greenwashing. D'après les travaux de ces scientifiques, à l'inverse, moins une entreprise utilise de mots pour qualifier ses efforts envers l'environnement, plus elle est perçue comme intègre et en accord avec ses actes. Selon eux, les stratégies de verdissement par le discours ne sont pas payantes : les consommateurs, lorsqu'ils se sentent dupés, sanctionnent d'abord la consommation qui les a induits en erreur en surexploitant la mise en scène de la dimension écologique. C'est le cas pour la grande distribution (Carrefour), l'ameublement (Ikea) ou encore la mise en avant des voitures électriques pour les constructeurs, comme le démontre un article de Novethic publié le 8 février 2022[8].

Ressorts et enjeux du greenwashing

Les discours écoblanchis, liés à des objectifs commerciaux ou politiques, sont très agaçants, et il est capital de comprendre pourquoi ils nous agacent. Pourquoi sommes-nous sensibles au greenwashing, et que dit cette sensibilité de notre rapport à l'écologie, ou plutôt à nos représentations de l'écologie et de la responsabilité environnementale ?

8. Voir novethic.fr/actualite/environnement/climat/isr-rse/ikea-amazon-carrefour-les-promesses-de-neutralite-carbone-des-grandes-entreprises-sont-un-veritable-echec-150560.html.

Dans un article sur les aspects fondamentaux du greenwashing[9], deux chercheuses de l'Université de Californie rappellent que, lorsque l'on veut faire croire quelque chose à un individu ou à un groupe d'individus, l'acte de persuasion est voué à l'échec s'il y a un écart entre les informations communiquées et la réalité – preuve que l'éducation à l'esprit critique est plus que jamais nécessaire.

Pour autant, le greenwashing n'est pas climatosceptique ; au contraire, cette pratique ne nie pas qu'une action écologique soit nécessaire, mais tente de court-circuiter cette exigence en utilisant une stratégie de persuasion purement formelle. Le greenwashing joue précisément sur la conviction de l'urgence à agir face au changement climatique, en donnant des gages concernant la reconnaissance du besoin d'action. Ainsi, il donne forme à un récit perçu par le grand public comme nécessaire, et faisant partie du paysage médiatique et politique. Toutefois, ce récit s'avère non pas un récit construit et ancré dans la réalité, mais un simple conte, qui tente de raconter une « belle histoire » sans fondement, sans incarnation concrète. Une « belle histoire » qui soutient la thèse d'une croissance verte – thèse assez utopique, abordée au chapitre consacré au technosolutionnisme (voir p. 125). Pour résumer, le greenwashing est perçu comme la trahison d'une promesse.

---

9. Magali Delmas et Vanessa Cuerel Burbano, « *The drivers of greenwashing* », *California management review*, 2011, 54 (1), p. 64-87.

Quand les marques tombent dans le piège du greenwashing

Les exemples de greenwashing sont nombreux mais ne prennent pas toujours des formes textuelles ; en outre, ils sont particulièrement compliqués à qualifier, dans la mesure où il faut détenir les preuves d'un écart entre les discours et les actions. L'impression seule ne suffit pas pour la qualification de *greenwashing* (même si elle peut facilement nous détourner d'une marque ou entamer la confiance qu'on a dans telle ou telle figure politique). Cependant, lorsque l'on regarde les données à disposition, certains secteurs sont connus pour être particulièrement polluants. Dans ce sens, lorsqu'ils communiquent en verdissant leur image, on peut fortement suspecter une opération de greenwashing.

1. H&M : Conscious actions (« actions conscientes »)[10]

La célèbre marque de *fast fashion* n'est évidemment pas la seule à produire une communication publicitaire qui met en lumière son engagement en matière de développement durable ; plusieurs enseignes le font. De fait, la *fast fashion*, dans son fonctionnement même, est connue pour sa dimension polluante : entre la frénésie de fabrication de

10. Voir about.hm.com/content/dam/hm/about/documents/fr/CSR/reports/Conscious%20Actions%20Highlights%202012_fr.pdf.

produits neufs, vite achetés et vite jetés, l'utilisation d'eau et le transport des vêtements, l'impact carbone de l'industrie de la mode est loin d'être négligeable (sans parler, bien sûr, des conditions de travail et de la rémunération des personnes qui fabriquent les vêtements).

Dans ce sens, évoquer des « actions conscientes » peut être perçu comme mensonger, en tentant de détourner l'attention des processus de fabrication. Cela étant, une marque comme H&M propose de rapporter des vêtements usagés en magasin depuis 2013 – mais ces vêtements ne peuvent être échangés que contre des bons d'achat pour acheter des vêtements neufs en magasin. S'il y a des actions conscientes, elles le sont donc d'abord à des fins commerciales. D'autre part, on peut souligner que ce slogan de H&M (« *Conscious actions* ») donne l'impression de mettre l'accent sur les actions, précisément, et non sur les discours ; pourtant, dans ce cas précis, parler d'actions revient seulement à parler tout court, et la vérification dans les faits de ces actions conduit, inévitablement, à soupçonner une opération de greenwashing.

2. Intermarché : le label « pêche responsable »[11]

L'histoire du label « pêche responsable » est assez ancienne, puisque les soupçons de greenwashing ont émergé dès 2012 à l'égard de la chaîne française de grande distribution.

11. Voir agrisur.fr/peche-responsable-la-publicite-intermarche-condamnee.

En effet, ce label était une création maison, qui ne révélait en rien les techniques de pêche pratiquées. En toute logique, l'ARPP (Autorité de régulation professionnelle de la publicité) a épinglé ce qu'elle a considéré comme étant une pratique peu honnête de la publicité, dans la mesure où la simple existence d'un label pouvait donner l'impression aux consommateurs et aux consommatrices d'être en présence d'une démarche écoresponsable sérieuse. Il n'en était pourtant rien puisque à l'époque, les chalutiers d'Intermarché pratiquaient une pêche industrielle en eaux profondes particulièrement dommageable pour les écosystèmes marins.

De surcroît, le choix graphique du label pouvait induire en erreur, dans la mesure où il recopiait les codes du label indépendant MSC (Marine Stewardship Council, le Conseil pour la bonne gestion des mers), qui qualifie quant à lui la pêche durable. De fait, les labels autogérés par les entreprises peuvent faire partie des stratégies de greenwashing qui offrent l'image d'une action vérifiée et contrôlée : on utilise donc un imaginaire de la légitimité, matérialisé par le discours du label, pour masquer une pratique qui ne respecte ni l'environnement ni la biodiversité.

3. Apple : le mythe de la neutralité carbone

> « Apple a atteint la neutralité carbone pour ses activités de gestion de l'entreprise au niveau mondial, et vise 100 % de neutralité carbone d'ici à 2030 à l'échelle

de ses chaînes logistiques de fabrication et du cycle de vie de tous ses produits. Ce qui signifie que chaque appareil Apple vendu, de la fabrication des composants, l'assemblage, le transport, l'utilisation et la recharge, jusqu'à son recyclage et la récupération de ses matériaux, aura un impact climatique net nul. »

Site Internet d'Apple concernant l'iPhone 14[12].

Parmi les acteurs les plus polluants, ceux de l'électronique sont connus pour utiliser des volumes de matières premières qui ont un impact environnemental critiquable. Apple affirme s'engager depuis plusieurs années déjà pour limiter cet impact environnemental, avec un ensemble d'actions qui alimente sa stratégie publicitaire. Bien évidemment, la chaîne de fabrication d'un iPhone permet de mettre en place des actions pour réduire l'utilisation de matériaux plastiques, par exemple (ce qu'affirme la firme à la pomme).

Cependant, l'utilisation d'un iPhone implique la production et la transmission de données qui nécessitent elles-mêmes des *data centers* qui doivent être constamment refroidis – une opération particulièrement coûteuse en énergie.

Certes, cette particularité concerne toutes les entreprises technologiques, sans exception et c'est d'ailleurs peut-être là la limite de l'identification du greenwashing : comment distinguer ce qui est écoblanchi de ce qui ne l'est pas, quand on peine à calculer l'ensemble du cycle de vie d'un produit ?

---

12. Voir apple.com/fr/newsroom/2023/01/apple-unveils-m2-pro-and-m2-max-next-generation-chips-for-next-level-workflows.

Pour aller plus loin, le greenwashing ne constitue-t-il pas une sorte de jeu du chat et de la souris qui enferme, dans une logique circulaire, celles et ceux qui traquent les écarts environnementaux et les organisations ?

Ici, il est important de préciser que le terme *greenwashing* peut être utilisé à partir du moment où l'on voit qu'une organisation tente de gagner un bénéfice d'image (et un bénéfice commercial) en manipulant des chiffres, des sources, des faits et des discours, tout en ayant parfaitement conscience des écarts entre les récits et les actions. D'une certaine manière, en matière de greenwashing, c'est l'intention qui compte.

4. Renault : « Pour lutter contre la pollution, roulez en voiture »[13]

Ce slogan publicitaire utilisé il y a quelques années dans le cadre de la vente de la Renault Zoé servait à souligner les vertus des véhicules électriques, présentés comme moins polluants. En effet, sans essence et sans production immédiate de gaz à effet de serre, il semblait que leur impact environnemental allait permettre de réduire la pollution urbaine. Hélas, entre-temps, de nombreux documentaires et études ont montré que le cycle de vie des batteries électriques était loin d'être neutre en matière environnementale. À cela

13. Voir leparisien.fr/automobile/publicite-la-zoe-renault-ne-peut-pas-revendiquer-son-caractere-ecolo-26-06-2014-3955951.php.

s'ajoute le fait que l'électricité consommée pour faire rouler les voitures électriques est forcément produite grâce à des technologies qui ont, pour certaines, un bilan carbone lourd.

Ici encore, il est aisé de voir à quel point le greenwashing peut voyager des pratiques industrielles aux pratiques publicitaires. Notons d'ailleurs qu'en France, ce sont l'ARPP et l'Ademe (Agence de l'environnement et de la maîtrise de l'énergie) qui tentent de lutter conjointement contre des pratiques commerciales trompeuses.

L'automobile n'est pas le seul secteur concerné : il en va de même pour la finance, le secteur agroalimentaire, les assurances et les groupes énergétiques. Face à l'urgence climatique et aux besoins d'actions concrètes, certains acteurs préfèrent les discours aux actes, conscients du poids des récits dans l'espace public – mais surtout du poids des bénéfices dans leurs activités respectives…

EXPÉRIENCE 5

L'existence même du greenwashing peut permettre de mener quelques enquêtes, parfois assez amusantes, sur les écarts entre les actions des organisations et leurs discours. À commencer par la vie quotidienne. Observez, par exemple, la manière dont nous minorons, consciemment ou non, l'impact environnemental de certaines de nos pratiques – afin d'éviter de les changer.

Cela peut être le cas pour vous ou pour vos proches : quelles sont les stratégies que nous employons pour donner une image vertueuse à quelque chose qui ne l'est pas ? Qu'est-ce que cela dit de l'attachement à nos habitudes, au-delà de toute sensibilité écologique ?

À RETENIR DE CE CHAPITRE

- Le greenwashing résulte de la perception d'un écart entre le discours d'un acteur et ses actions concrètes en matière environnementale et climatique.

- Les effets négatifs du greenwashing ne concernent pas seulement les cibles d'une organisation, mais également ses parties prenantes en interne.

- Plus une organisation utilise de techniques narratives de greenwashing, plus son image se dégrade auprès du grand public.

- À l'inverse, moins une organisation met en œuvre d'opérations de greenwashing, plus elle est perçue comme cohérente et fiable (y compris lorsque ses actions sont nuisibles du point de vue environnemental et climatique).

LA MAIN VERTE : QUAND LES POLITIQUES PUBLIQUES TENTENT DE S'EMPARER DE L'URGENCE CLIMATIQUE

Parmi l'ensemble des discours qui traitent de la question climatique, il existe une parole officielle, celle de l'action publique et politique. Elle tente de faire de l'urgence climatique une préoccupation centrale, en ménageant à la fois les orientations idéologiques, les attentes de l'opinion publique et les ressources communicationnelles des différentes administrations publiques. Ces engagements croissants produisent un enchevêtrement de discours et d'intervenants qui ont pour objectif de séduire ou de rassurer les individus et les communautés.

La parole publique n'est jamais innocente lorsqu'elle s'empare des enjeux climatiques ; toutefois, sa visibilité et son impact sont nécessaires pour participer à la normalisation de ces sujets dans l'espace médiatique et citoyen. Quelle que soit la couleur politique des partis concernés (et sans négliger les idéologies qui sous-tendent leurs prises de parole), l'urgence climatique a fini par s'infiltrer dans un vaste ensemble de discours politiques : entre clivages mis en scène, réformes plus ou moins ambitieuses, postures électoralistes et pressions venues d'autres sujets – comme la situation économique, la disponibilité énergétique, l'emploi ou encore l'implication des acteurs sociaux.

Les politiques publiques, entre communication et diffusion de connaissances

Les stratégies de communication environnementale diffèrent en fonction des acteurs et des organisations, mais restent déterminantes dans la diffusion des enjeux et des solutions, et dans la sensibilisation de la population, directement exposée aux effets du changement climatique. Quoique la communication en matière d'écologie soit indispensable, Thierry Libaert, expert en communication des organisations et membre du Comité économique et social européen, met au jour la difficulté de communiquer avec authenticité autour de la question environnementale. La notion de développement durable constitue, par exemple, une invention de la communication[1] qui agit comme une formule[2], c'est-à-dire comme une suite figée de mots qui voyage de discours en discours, et qui finit par neutraliser les représentations et les imaginaires qui y sont liés. Plus encore, la notion de développement durable suggère une harmonisation artificielle des programmes politiques pour normaliser et rendre acceptables des mesures à caractère écologique – mesures insuffisantes pour réellement lutter contre le réchauffement climatique.

Pour reprendre les travaux de Thierry Libaert, une autre difficulté se matérialise : une grande partie des efforts de communication concernant la dimension environnementale finit par être contre-productive. Les discours officiels (privés et publics) sur le développement durable ou la transition écologique, par exemple, sont parfois mis en doute, car les individus soupçonnent que d'autres intérêts se dissimulent derrière les opérations de communication – ou, *a minima*, craignent que ces opérations de communication ne soient pas suivies d'effets. Ce constat est probablement lié au fait qu'un grand nombre d'opérations discursives officielles (politiques ou entrepreneuriales) a fait l'objet d'accusations de greenwashing ayant fini par délégitimer

1. Thierry Libaert, *Communication et environnement, le pacte impossible*, Puf, 2010.
2. Alice Krieg-Planque, « La formule “développement durable” : un opérateur de neutralisation de la conflictualité », *Langage et société*, 2010, 134 (4), p. 5-29.

l'ensemble des prises de parole. Ce discrédit constitue un obstacle non négligeable lorsqu'il s'agit d'appliquer des politiques publiques sur le terrain.

De plus en plus d'institutions internationales alertent à propos des conséquences délétères du changement climatique – et notamment l'Organisation des Nations unies, *via* son secrétaire général António Guterres. Mais les choses deviennent plus compliquées à partir du moment où l'on se situe au niveau des États et de leurs intérêts particuliers, notamment économiques et politiques. En effet, c'est bel et bien sur le plan national que se prennent les décisions en matière de politiques publiques, en fonction des priorités des gouvernements et des idéologies des personnes élues. Comme le rappellent deux chercheurs américains[3], la prise en considération des enjeux liés au réchauffement climatique est fonction du degré d'approfondissement des connaissances qu'on a sur le sujet. D'après les deux politologues, plus les personnes disposent de certitudes dogmatiques et rigides à propos du changement climatique (tout en s'y connaissant finalement très peu), moins elles auront la volonté de mettre en œuvre des politiques publiques ambitieuses. En revanche, plus leur degré de connaissance est réel et avéré (et non pas basé sur des impressions), plus la prise en considération des risques est importante et permettra de mettre en œuvre des politiques publiques.

---

3. James Stoutenborough et Arnold Vedlitz, « *The effect of perceived and assessed knowledge of climate change on public policy concerns: An empirical comparison* », *Environmental science & policy*, 2014, 37, p. 23-33.

Cette distinction entre connaissance perçue et connaissance avérée est fondamentale : elle détermine les discours des politiques publiques concernant le climat, l'écologie et les politiques environnementales. Deux chercheurs britanniques en sciences environnementales à l'Université de l'East Anglia[4] montrent que l'ensemble est complexe. En effet, en fonction des niveaux de décision et d'application en matière de politiques publiques, les acteurs ne disposent pas toujours des mêmes connaissances. Cet état de fait peut ralentir, accélérer ou empêcher les prises de décision et les mises en œuvre sur le terrain. Localement, des décideurs peuvent avoir en leur possession les connaissances pour mettre en œuvre des projets, mais être bloqués au niveau supérieur. À l'inverse, une loi peut ne pas être appliquée, lorsque des institutions empêchent sa mise en œuvre en raison d'un manque de sensibilisation. C'est aussi pour ces raisons que du temps précieux est perdu au niveau des politiques publiques.

Le climat : une affaire publique très politique

En raison de ces dissonances, certains politiques s'engouffrent dans ces brèches pour récupérer la cause climatique

4. Kate Urwin et Andrew Jordan, « *Does public policy support or undermine climate change adaptation? Exploring policy interplay across different scales of governance* », *Global environmental change*, 2008, 18 (1), p. 180-191.

à des fins électorales, ou donner l'impression que le sujet est pris au sérieux. Fort heureusement, il existe des initiatives heureuses. En Irlande, une assemblée citoyenne sur le changement climatique a permis de relier engagement et délibération collective[5]. Si aucune solution n'est parfaite, l'expérimentation démocratique irlandaise pourrait être répliquée ailleurs, et permettre de mettre les citoyens à contribution pour dessiner les futures politiques publiques. Hélas, en France, la Convention citoyenne[6] pour le climat, constituée et lancée par Emmanuel Macron en octobre 2019, n'a pas été suivie des mêmes effets, dans la mesure où ses propositions, malgré la promesse du chef de l'État, n'ont été reprises que timidement dans la loi climat et résilience votée en août 2021[7].

Comme le rappelle le politologue Dimitri Courant[8], ces processus irlandais et français montrent que c'est aussi par les expérimentations démocratiques qu'on sera à même de proposer des solutions pour répondre à l'urgence climatique

---

5. Laura Devaney, Diarmuid Torney, Pat Brereton et Martha Coleman, *« Ireland's citizens' assembly on climate change: Lessons for deliberative public engagement and communication »*, *Environmental communication*, 2020, 14 (2), p. 141-146.

6. La Convention citoyenne pour le climat, lancée par le président Emmanuel Macron en octobre 2019, a constitué une assemblée de 150 citoyens tirés au sort chargés de réfléchir aux problèmes posés par le réchauffement climatique, ainsi qu'aux propositions de solutions à appliquer pour y faire face. En juin 2020, la Convention s'est conclue par un rapport sur lequel l'exécutif devait s'appuyer pour proposer une loi ambitieuse.

7. Voir vie-publique.fr/loi/278460-loi-22-aout-2021-climat-et-resilience-convention-citoyenne-climat.

8. Dimitri Courant, « Des mini-publics délibératifs pour sauver le climat ? Analyses empiriques de l'Assemblée citoyenne irlandaise et de la Convention citoyenne française », *Archives de philosophie du droit*, 2020, 62, p. 487-507.

– pour peu que les gouvernements prennent ces expérimentations au sérieux…

Discours d'urgence ou urgence d'agir ?

Deux juristes expliquent, dans un article publié avec le concours du collectif Notre affaire à tous[9], que l'une des formes de récupération politique les plus évidentes consiste en la production de déclarations d'urgence climatique. Ces dernières, qui donnent l'impression de prendre l'ampleur de la crise climatique en exigeant l'appel à l'action, reposent sur des principes simples : mobiliser des émotions anxiogènes tout en adoptant une stature rassurante pour les populations. Ce type de propos a pour objectif de montrer que l'urgence climatique est prise en compte par les gouvernants. En outre, elles constituent des discours qui n'engagent à rien (ou plutôt qui n'engagent que ceux qui y croient). Si elles sont purement performatives, elles peuvent néanmoins être opposées sur le plan juridique, lorsque des associations ou des collectifs assignent les États en justice pour inaction climatique. Dans ce cas de figure, les déclarations peuvent être utilisées pour démontrer le manque de cohérence entre les discours et les actes.

9. Notre affaire à tous, Célia Jouayed et Juliette Guittard, « Les déclarations d'urgence climatique. Un outil purement politique ou un instrument juridique efficace et nécessaire ? » *EcoRev'*, 2020, 48 (1), p. 175-183.

Antoine Hardy, chercheur français en science politique, rappelle[10] par ailleurs que le discours d'urgence est à manier avec précaution au risque de devenir d'une terrible banalité – particulièrement dans un espace public, politique et médiatique non seulement saturé par les déclarations d'urgence, mais également noyé dans une masse de discours écologiques qui, selon la linguiste norvégienne Kjersti Fløttum[11], font écho à des dimensions anthropologiques, culturelles, sociales, économiques ainsi qu'à des imaginaires autour des questions de nature, de biodiversité et d'animalité.

Dans un article publié dans la revue *Science* en 2009[12], scientifiques et experts en communication plaidaient déjà, à cet égard, pour la création d'un langage commun en matière d'urgence climatique, tant la pluralité des positionnements et des incarnations langagières diluait les enjeux et les rendait difficiles à appréhender pour le grand public. Le présent ouvrage montre, en creux, à quel point cette urgence est aujourd'hui plus pressante que jamais.

---

10. Antoine Hardy, « Quel discours face à l'urgence écologique ? », *Esprit*, 2020, n° 6, p. 135-140.

11. Kjersti Fløttum, *The role of language in the climate change debate*, Routledge, 2019.

12. Thomas E. Bowman, Edward W. Maibach, Michael E. Mann, Susanne C. Moser et Richard C. J. Somerville, *« Creating a common climate language »*, *Science*, 2009, 324 (5923), p. 36-37.

La main verte : prendre officiellement la mesure de l'urgence

Parmi les discours de réappropriation du changement climatique, qui tentent de transformer l'urgence en une cause politique, il existe plusieurs types de productions. Entre les institutions internationales, les personnalités politiques nationales et les agences et organismes dédiés à l'application des politiques publiques, ce sont plusieurs niveaux de récits qui s'entremêlent et s'entrechoquent, au point – parfois – de brouiller les messages. Sans le niveau d'information nécessaire, ces messages peuvent donner l'impression d'une véritable cacophonie. À terme, ce brouhaha risque également de faire de la cause climatique une antienne parmi d'autres, alors même que l'urgence n'a jamais été aussi grande qu'aujourd'hui.

Exemple 1 : Une internationale climatique ?
« Les militants du climat sont parfois dépeints comme de dangereux radicaux, alors que les véritables radicaux dangereux sont les pays qui augmentent la production de combustibles fossiles. »

Extrait d'un discours prononcé par António Guterres, secrétaire général de l'Organisation des Nations unies, publié dans une vidéo en ligne le 4 avril 2022[13].

13. Voir press.un.org/fr/2022/sgsm21228.doc.htm.

À l'heure où les polémiques émaillent les espaces démocratiques, notamment au sujet des méthodes des associations activistes, il est intéressant de rappeler que le secrétaire général de l'ONU fait des discours de plus en plus engagés sur le front du climat – quitte à prendre le parti des mouvements militants plutôt que celui des pays ou des industries qu'ils soutiennent (voire des lobbies qui motivent parfois leurs décisions politiques). Ce type de déclaration est plutôt rare pour un personnage politique de cette envergure, qui plus est à la tête de l'une des institutions internationales les plus importantes. Cependant, ce soutien de la cause climatique à l'un des plus hauts niveaux de la politique internationale n'est pas si récent que cela, et fait écho à des engagements réguliers depuis plusieurs décennies. On se souviendra par exemple de l'emblématique « Notre maison brûle, et nous regardons ailleurs » prononcé par Jacques Chirac, alors président de la République française, lors du quatrième Sommet de la Terre en 2002 (formule que l'on doit en réalité à l'historien des sciences de l'environnement Jean-Paul Deléage, comme l'a justement rappelé le journal *Reporterre*[14]).

Au niveau de la politique internationale, ce type de déclaration d'urgence à tendance universaliste (avec tous les biais idéologiques et philosophiques occidentaux qu'il comporte) ne coûte pas grand-chose et peut produire des effets à peu de frais dans l'opinion publique. D'une certaine

14. Voir reporterre.net/Jacques-Chirac-l-histoire-de-sa-phrase-culte-Notre-maison-brule-et-nous-regardons-ailleurs.

manière, la récurrence de tels propos, dans le contexte d'institutions internationales, traduit la philosophie qui anime ce type d'organisation – tout en permettant de peser dans le débat démocratique et d'inspirer les opinions publiques.

Exemple 2 : Communiquer pour masquer la réalité
« Dès 2019, nous avons atteint notre objectif européen de réduction des émissions. Et pour aller plus loin, la loi climat et résilience permet d'accélérer la rénovation des bâtiments avec un accompagnement gratuit des ménages qui veulent rénover leurs logements dès 2022, le développement des voitures électriques et des bornes, mais aussi l'information du consommateur en mettant en place un affichage carbone pour que chacun puisse choisir des produits qui ont le moindre d'impact sur la planète. Cette loi renforce aussi l'éducation à l'environnement pour les plus jeunes, encadre la publicité, et protège notre nature et nos sols agricoles en luttant contre l'artificialisation des sols. Les premiers résultats sont là, la France voit ses émissions diminuer plus rapidement. Dans nos grandes villes, la qualité de l'air s'améliore même s'il faut continuer à agir, en soutenant aussi les transports en commun, la pratique du vélo. »

Extrait du site Internet de l'Élysée,
à la page intitulée « L'écologie, combat du siècle »[15].

15. Accessible sur elysee.fr/emmanuel-macron/ecologie.

Il y aurait beaucoup à dire à propos de cette déclaration. Néanmoins, il est intéressant de noter les stratégies discursives et argumentatives à l'œuvre dans ce qui s'apparente à un texte officiel, alors qu'il s'agit en réalité d'un texte de communication institutionnelle et politique. Dans ce type de discours, les affirmations donnent une impression d'autorité et de vérifiabilité, ce qui peut parfois décourager la tentation d'aller chercher si ce qui est écrit est exact ou non. En outre, ce genre de propos livre aussi plusieurs informations concernant la perception de l'urgence climatique du point de vue idéologique. En effet, et ce n'est pas une surprise, chaque gouvernement agit pour l'écologie ou le climat en fonction de sa couleur et de son programme politiques.

Ici, par exemple, concernant la réduction des émissions, il n'est pas dit a) de quel objectif il s'agit, b) de combien les émissions ont été réduites et c) de quelle date limite il s'agissait – le mode de calcul de réduction pourrait aussi, probablement, faire l'objet de discussions.

En outre, la mention concernant les voitures électriques semble partir du principe qu'elles constituent une solution, alors même que le cycle de vie des batteries fait polémique et que plusieurs voitures électriques sont en réalité des SUV, dont le poids pèse dans les émissions des gaz à effet de serre. Pour ce qui touche au choix des produits, les choix individuels éclairés sont certes importants, mais cela ne suffit pas à construire une politique ; quant à l'encadrement de la publicité, il s'agit d'un moindre mal, tant la publicité en elle-même mériterait d'être sévèrement régulée, notamment pour éviter les panneaux d'affichage énergivores.

> **Exemple 3 : Agir ensemble, sur le terrain**
> « À l'ADEME, nous sommes résolument engagés dans la lutte contre le réchauffement climatique et la dégradation des ressources. Sur le terrain, nous mobilisons les citoyens, les acteurs économiques et les territoires afin de leur donner les moyens de progresser. Face à l'urgence, nous nous fixons des objectifs ambitieux et appelons à une mobilisation générale : il faut faire plus vite. »
>
> Premier texte de présentation de l'Ademe, issu du site Internet officiel[16].

Dans cette brève présentation issue de son site Internet officiel, l'Ademe justifie l'essence de sa mission. Précisons que l'Ademe est un établissement public à caractère industriel et commercial qui représente l'agence de la transition écologique pour l'État français. En tant qu'organisation publique, elle a pour objectif d'appliquer et de stimuler des politiques publiques face à l'urgence climatique, en lien avec les décisions gouvernementales et législatives.

Dans cet extrait, le discours est tourné vers une rhétorique de l'engagement : les mots-clés *résolument*, *engagés*, *lutte*, *terrain*, *mobilisons*, *ambitieux*, *vite* témoignent du degré de prise en considération de l'urgence climatique.

16. Accessible sur ademe.fr.

Ils révèlent également l'engagement des employés et leur volonté de mettre en lien, sur le terrain et en fonction des particularités territoriales, tous les acteurs capables de s'engager à leur tour. Quand on sait que l'agence, en tant qu'établissement public, n'est là que pour aider les acteurs locaux, qui eux-mêmes ne sont absolument pas tenus de passer par elle, on identifie ce discours bien plus comme une stratégie d'appel à l'action, plutôt que comme un pur discours de communication.

Exemple 4 : Disqualifier l'action militante pour masquer l'inaction de l'État

« La main de l'État n'a pas tremblé face aux activistes violents, dont plus de 40 fichés S, qui ont tenté d'installer une ZAD à Sainte-Soline, dans les Deux-Sèvres. Grâce à l'action déterminée des gendarmes, le chantier de la réserve de substitution a été protégé.
Les gendarmes ont fait face à des individus radicaux, qui s'opposent à l'état de droit, qui bafouent les décisions de justice et qui tombent dans l'ultra-violence. C'est une forme d'écoterrorisme. »

Suite de deux tweets publiés le 30 octobre 2022
par le compte officiel de Gérald Darmanin[17].

17. Voir twitter.com/GDarmanin/status/1586786367891283972.

Cette déclaration publique sur le compte Twitter de Gérald Darmanin, ministre français de l'Intérieur et des Outre-Mer depuis 2022, fait suite à une action lors d'une manifestation contre le projet de méga-bassines sur la commune de Sainte-Soline (dans le département des Deux-Sèvres), le samedi 29 octobre 2022, qui s'était conclue par des affrontements avec les forces de l'ordre.

Les opposants aux projets de bassines leur reprochent de pomper dans les réserves des nappes phréatiques (particulièrement affaiblies en période de sécheresse) et de perdre une partie de l'eau captée en évaporation dans l'atmosphère – tandis que la partie restante est réservée à l'agriculture intensive[18]. Mais le fond du problème est ailleurs : dans le fait que l'un des représentants les plus importants de l'État utilise le terme d'*écoterrorisme* pour parler d'une résistance militante à un projet antiécologique, entraînant une délégitimation du mouvement d'opposition au projet.

En privatisant l'écologie pour en faire un sujet qui serait l'apanage seul du gouvernement, la parole politique publique tente de marginaliser les alternatives écologiques. De fait, cette parole décrédibilise les remises en question des solutions mises en œuvre par l'exécutif, des solutions qui, venant d'en haut, ne sont pas pour autant légitimes du point de vue écologique. En attestent les soupçons d'intérêts idéologiques et privés de certaines décisions politiques, comme en témoignent les liens entre Agnès Pannier-Runacher, ministre

18. Voir francetvinfo.fr/monde/environnement/mega-bassines-pourquoi-ces-retenues-d-eau-sement-la-discorde_5451943.html.

de la Transition énergétique, et l'industrie pétrolière, dans une enquête révélée par le média *Disclose*[19].

EXPÉRIENCE 6

Au niveau local, nombre d'instances politiques manifestent leur soutien plus ou moins engagé à des politiques écologiques concrètes. Qu'il s'agisse de votre département, de votre municipalité ou de votre région, toutes ces instances produisent des discours, des textes et des documents censés témoigner d'une vision de l'écologie, d'actions sur le terrain ou de la prise en considération du changement climatique dans les décisions locales.

Allez à la rencontre de vos élus et interrogez-les : que ce soient des élus municipaux, départementaux ou régionaux, ils ont tous une parole publique à incarner. Si vous ne voulez ou ne pouvez pas les voir, sachez que ces élus ont aussi produit des discours ou des déclarations d'intention en ligne. Vous pouvez facilement consulter ces textes sur Internet : lisez-les et repérez les grandes idées et les projets concrets. Qui parle et au nom de quoi ? Par quelle idéologie politique sont mus ces discours ? Les faits annoncés sont-ils vérifiables ou non ? Qu'est-ce qui relève de la communication, de l'idéologie et de la connaissance scientifique ?

---

19. Voir disclose.ngo/fr/article/petrole-et-paradis-fiscaux-les-interets-caches-de-la-ministre-de-la-transition-energetique.

À RETENIR DE CE CHAPITRE

- Les grandes déclarations climatiques possèdent une charge politique nécessaire, notamment dans le contexte institutionnel.

- La réappropriation de l'urgence climatique par les pouvoirs publics et politiques entraîne des expérimentations démocratiques.

- Les déclarations politiques sont à la fois des manifestes idéologiques et des actions de communication.

- Dans le contexte politique, il est difficile de pouvoir séparer ce qui relève de l'idéologie, ce qui relève de la communication et ce qui relève de la connaissance scientifique, dans la mesure où les trois niveaux sont souvent entremêlés et potentiellement travestis en fonction de l'intention de l'instance qui produit le discours.

RÉCITS SOLUTIONNISTES : ENTRE FAUX ESPOIRS ET FUITES EN AVANT

LE TECHNOSOLUTIONNISME : TOUT CHANGER POUR NE RIEN CHANGER DU TOUT ?

Le caractère anxiogène du changement climatique ainsi que les effets concrets de ce dernier obligent nos sociétés à imaginer de nouvelles solutions capables de nous faire consommer moins et mieux, à adopter des modèles énergétiques plus vertueux et à transformer les objets de notre quotidien. De ce point de vue, il existe un certain nombre de récits dans l'espace public (initiés par des ingénieurs notamment) qui incitent à l'innovation technologique. Cette course à l'innovation ignore malheureusement trop souvent les racines mêmes du réchauffement climatique, au risque de maintenir les aberrations de notre système de consommation. C'est ce que l'on appelle le *technosolutionnisme*, qui donne à penser que la technologie résoudra le dérèglement climatique et ses conséquences.

Cette vision du progrès, qui ne prend en considération que les impacts du réchauffement sans en considérer les causes, constitue une limite considérable. En effet, elle part du principe que le réchauffement climatique n'est qu'un simple problème technique. Certaines figures, en particulier du côté des sciences de l'ingénieur, plaident ainsi pour l'invention de solutions traitant les conséquences du changement climatique, en choisissant, parfois délibérément, d'en ignorer les causes. Ce type de réaction exprime le refus de prendre en charge un problème infiniment complexe et systémique, qui consisterait à remettre en cause le modèle sur lequel reposent nos sociétés depuis plusieurs décennies déjà.

Rêves et espoirs du progrès technologique

Ce discours repose sur une croyance simple, nourrie dans le monde occidental depuis les premiers soubresauts de la révolution industrielle : l'idée que le progrès permet de libérer les humains de toutes les contraintes matérielles qui les empêchent de s'émanciper socialement. Comme le rappelle la politologue Cara New Dagget[1], le progrès tech-

1. Cara New Dagget, *The birth of energy: Fossil fuels, thermodynamics, and the politics of work*, Duke University Press, 2019.

nique a été progressivement assimilé à un mode de domination de la nature, que la chercheuse américaine qualifie de « domination viriliste ». Qu'est-ce que cela signifie ? Cara New Dagget indique que dans cette définition du progrès technique et technologique, la nature ne constitue qu'un ensemble de ressources à exploiter – nous y reviendrons –, dont la finalité est de permettre le développement économique afin de nourrir les populations, d'enrichir celles et ceux qui proposent de nouvelles solutions, et plus généralement de faire progresser les sociétés humaines (quelle que soit la direction de ce progrès).

Dans ce même ordre d'idée, poursuit-elle, le progrès a rapidement été associé à l'imaginaire de l'évolution (dans une très mauvaise interprétation des travaux de Charles Darwin) ; cet imaginaire oppose les sociétés. D'un côté, il y a celles qui bénéficient d'innovations techniques et technologiques qui changent leur quotidien et leur rapport au monde, et de l'autre, des sociétés considérées comme « moins évoluées » ou « plus arriérées ». Comme s'il existait un sens de l'évolution « naturel » et que les sociétés en étaient plus ou moins capables. La confiance absolue, parfois aveugle, dans le progrès des sciences et des techniques s'accompagne en outre d'un ethnocentrisme, voire parfois d'une authentique dimension nationaliste et raciste. Il est alors aisé de comprendre à quel point cette vision du progrès technique et technologique s'est appuyée sur une idéologie colonialiste, puisqu'il s'agissait également de « proposer les fruits de ce progrès » à d'autres peuples, le plus souvent contre leur gré.

Les deux visages du progrès

Bien évidemment, il n'est pas question de dire que le progrès est en soi néfaste et qu'il aliène les sociétés : il est évident que, dans un nombre considérable de domaines, les évolutions scientifiques et techniques ont permis, par exemple, d'allonger la durée de vie des populations ou de rendre soutenable le quotidien des travailleurs, dans le secteur industriel en particulier. Pour ne parler que de la santé (et malgré les controverses qui entourent parfois les productions des laboratoires pharmaceutiques), il existe un arsenal d'évolutions qui ont permis de soigner des maladies, de les prévenir ou de mieux les diagnostiquer.

Mais comme le progrès est aussi le fruit d'un contexte social et politique donné, il sert souvent de caution à l'idéologie dominante (qui exalte le profit) pour inonder notre société de consommation de commodités inutiles et fortement polluantes. En témoigne la gadgétisation galopante de la domotique (cette tendance qui consiste à rendre « connecté » tout ce qui se trouve dans nos maisons, des volets aux frigos).

En outre, le progrès est lié à une croyance qui a la vie dure selon laquelle il rendrait, à coup sûr, la vie humaine meilleure. Cette croyance n'est pas étrangère à ce « sens de l'Histoire » que l'on mobilise parfois, qui voudrait que les sociétés évoluent dans une amélioration constante, notamment du fait des évolutions techniques.

L'historienne des sciences Hélène Guillemot[2] le rappelle dans ses travaux : du côté des détracteurs de l'écologie, on retrouve souvent une défense des valeurs scientistes et productivistes. En d'autres termes, le progrès technologique est associé à une idéologie enracinée dans l'imaginaire de la production industrielle, envisagée comme créatrice de richesses et de prospérité économique. Ce lien n'a rien d'innocent : il souligne le fait que les représentations du progrès sont directement liées aux représentations du capitalisme industriel, considéré comme le système le plus parfait et le plus abouti – car c'est tout simplement celui dans lequel nous vivons, auquel nous sommes habitués et dans lequel nous avons toutes et tous nos repères.

Dépolitiser les discours pour maintenir la société de consommation

Les arguments technosolutionnistes deviennent plus clairs lorsque l'on se penche sur les études de la chercheuse Johanna Gouzouazi[3], spécialiste des représentations scientifiques du changement climatique et de la médiation scientifique. Ses travaux montrent à quel point les milieux qui encouragent le développement de discours

2. Hélène Guillemot, « Les désaccords sur le changement climatique en France : au-delà d'un climat bipolaire », *Nature Sciences Sociétés*, 2014, XXII (4), p. 340-350.

3. Johanna Gouzouazi, « Du climatoscepticisme à la valorisation de l'ingénierie climatique : les métamorphoses d'un argumentaire conservateur », *Mots. Les langages du politique*, ENS Éditions, 2021, n° 127, p. 81-96.

technosolutionnistes, en particulier conservateurs, mettent en œuvre et soutiennent ce qu'elle appelle « une stratégie de dépolitisation de l'intervention climatique ». Cette stratégie permet de donner une image de la science et du progrès technologique comme politiquement neutres, alors même que les lobbies qui contribuent à former cette image sont eux-mêmes tout sauf neutres politiquement. On imagine, par exemple, comment le progrès technologique pourrait servir de caution à des interventions climatiques délirantes, comme celle de la géo-ingénierie (l'ensemble des techniques qui visent à modifier artificiellement le climat sur Terre), et entretenir ainsi l'illusion que le réchauffement climatique est un problème simple qu'on peut régler par une solution toute trouvée.

Le technosolutionnisme : de la croyance à la stratégie ?

La plupart des discours et positionnements technosolutionnistes ne sont pas pour autant climatosceptiques (même si certains peuvent s'en rapprocher) : ils ne nient pas la réalité du changement climatique, mais le minorent en le réduisant à un défi stimulant que la science et le progrès pourront résoudre en « appuyant sur un bouton ». Évidemment, certains discours technosolutionnistes tentent de minimiser les effets du changement climatique, de relativiser la dimension anthropique (l'influence humaine) de ses origines ; mais, globalement, le technosolutionnisme est l'apanage d'individus ou de groupes d'individus qui prennent au sérieux la question climatique et croient dans le salut offert par le progrès technologique. Comme le rappelle le médecin, théologien et éthicien Bertrand Kiefer, dans un article paru dans la *Revue médicale suisse*, « loin d'être réductible à un utilitarisme, ou à un consumérisme fruste, le solutionnisme est un système philosophico-religieux complet, dans lequel la technologie joue un rôle totémique[4] ».

Si le technosolutionnisme est une croyance, il prend en effet appui sur une certaine liturgie, ou tout du moins sur un ensemble de dogmes et un interventionnisme climatique de bonne foi, qui se donne pour ambition de sauver l'humanité et la planète. Mais, encore une fois, cet interventionnisme ignore complètement les solutions à imaginer pour changer de système ; il se garde d'ailleurs d'aller sur le terrain du changement en moquant les prises de position écologistes, comme nous le verrons lors de l'analyse de quelques exemples. Peu importe, alors, qu'un philosophe comme Jean-Philippe Pierron affirme, pour reprendre le titre de l'un de ses articles, que « la solution n'est pas au bout d'un interrupteur[5] » ; il suffit d'y croire pour que cette possibilité

4. Bertrand Kiefer, « Le solutionnisme comme foi », *Revue médicale suisse*, 4 octobre 2017, n° 1720.
5. Jean-Philippe Pierron, « La solution n'est pas au bout d'un interrupteur », *Études*, 2022 (3), p. 65-66.

existe, et que « le mythe de la technologie salvatrice », pour utiliser les mots de l'ingénieur centralien Philippe Bihouix[6], produise des effets dans l'espace public.

Les discours technosolutionnistes ne s'identifient pas à la remise en question du modèle économique (incluant le capitalisme industriel et financier), à la décroissance (et donc à la critique de la société de consommation) et pas toujours à la proposition de recours systématique aux énergies vertes (ce qui implique à la fois un abandon progressif du nucléaire et des énergies fossiles). De fait, les discours technosolutionnistes se retrouvent bien souvent dans une forme de soutien au *statu quo* du système économique et politique, avec une seule proposition de changement : investir encore plus dans l'innovation et le progrès technologique, afin de trouver les solutions qui permettront de résoudre la crise climatique. Le but est de maintenir un imaginaire extractiviste de la nature, transformée pour l'occasion en un ensemble de ressources à exploiter afin de résoudre le changement climatique. Pourtant, comme le rappelle le sociologue Timothy W. Luke[7], extractivisme et changement climatique ont leur source dans la même idéologie et sont les deux conséquences d'une même conception de la nature, de la croissance économique et du travail.

6. Philippe Bihouix, « Le mythe de la technologie salvatrice », *Esprit*, 2017 (3/4), p. 98-106.
7. Timothy W. Luke, *« Climate change and decarbonization. The politics of delusion, delays, and destructive in ecopragmatic energy extractivism »*, *in* R.E. Kirsch (éd.), *Limits to terrestrial extraction*, Routledge, 2020, p. 29-58.

Le technosolutionnisme dans le sillage de la croissance verte

Le technosolutionnisme est en réalité, avec le greenwashing, l'un des avatars de ce que l'on appelle la « croissance verte » (qui défend l'idée qu'on pourra maintenir et soutenir la croissance économique en la rendant simplement un peu plus écologique). Cette croissance verte, critiquée notamment par l'économiste Hélène Tordjman[8], représente, selon elle, une forme d'écologie marchande qui n'a pas pour ambition de résoudre les causes du changement climatique, mais de les verdir. Cette forme de croissance, basée sur le paradigme extractiviste, pourrait apparaître comme une simple forme de greenwashing. Pourtant, elle est bien plus redoutable : son déploiement permet le soutien financier à des initiatives d'innovation technologique qui ont pour objectif de maintenir la logique productiviste en traitant le besoin d'écologie comme une simple demande du marché (voire comme la demande d'une cible sur des segments du marché).

Dans cette perspective, le technosolutionnisme n'est pas la seule manifestation de la croissance verte ; certains économistes plaident même pour un modèle de croissance vertueux accompagné de changements comportementaux. Hélas, une telle alliance paraît pour le moment relativement utopique pour limiter nos émissions de gaz à effet de serre et le réchauffement global.

---

8. Hélène Tordjman, *La croissance verte contre la nature. Critique de l'écologie marchande*, La Découverte, 2021.

Technosolutionnisme : une boulimie de progrès

Les exemples qui suivent ont été choisis afin de souligner les différentes ramifications des discours technosolutionnistes. Si ceux-ci sont en effet variables pour ce qui est des formes et des sujets abordés (même si on les retrouve souvent dans une gravitation assez nette autour du sujet de l'énergie nucléaire, central en France), ils ont tous en commun d'utiliser le point de vue scientifique comme bouclier face aux discours écologistes. Il ne s'agit pas de dire ici que la science est une mauvaise chose, bien au contraire ; ce qui est compliqué, en revanche, c'est de percevoir le progrès technologique comme seule incarnation possible de la science, de réduire la science à une croyance, et, ce faisant, de ne jamais aborder les causes du changement climatique.

Exemple 1 : Confondre science et innovations technologiques

« Résultat de 30 ans de complotisme et d'idéologie anti-scientifique, la France n'est plus "une nation scientifique". D'autres pays ont pris le relais.
À eux appartient désormais le progrès technique et scientifique, qu'ils nous revendront. #nofakescience

Tweet du journaliste scientifique Mac Lesggy, publié le 22 mars 2022[9].

9. Voir twitter.com/MacLesggy/status/1506175110490820611.

Cet énoncé oppose la science (sans la définir, ce qui permet de recouvrir un ensemble très vague de représentations et de définitions) et ce qui serait « contre la science ». Il distingue d'un côté une « idéologie anti-scientifique » qui aurait pour but de détruire « la science », et de l'autre un « complotisme » qui semble surtout utilisé pour renforcer cette construction de l'ennemi, classique de la mise en scène des oppositions dans les discours. Ce type de fonctionnement a notamment été mis en lumière par la linguiste autrichienne Ruth Wodak[10], qui a étudié la manière dont les discours essentialisent des populations entières, afin de les qualifier d'adversaires contre lesquels il serait urgent de se battre. Dans cette logique, peu importe si les termes employés sont définis de manière précise, puisque l'objectif est surtout de créer un adversaire contre lequel il est urgent de lutter – ici, donc, une sorte de complot idéologique antiscience.

La présence d'un hashtag comme #nofakescience renforce cette construction, et l'anglais *fake*, comme dans l'expression *fake news*, permet de renforcer l'hypothèse complotiste. Il faut préciser que l'auteur de ce tweet critique régulièrement les prises de position écologistes, et qu'il est donc possible que les cibles de ces attributs négatifs (« complotisme », « idéologie anti-scientifique ») fassent partie de la sphère écologique.

10. Ruth Wodak et Michael Meyer, *Methods of critical discourse analysis*, Sage, 2009.

Partant de là, on pourrait déceler une opposition entre l'écologie (nuisible à la société et au pays, puisque antiscientifique et passible de faire dégringoler la France dans les classements) et la science (quoique l'on entende par ce terme), qui serait menacée.

Exemple 2 : Diabolisation de la décroissance

« 54 % des Français veulent la décroissance ! Ils n'ont pas compris que décroissance cela veut dire baisse du pouvoir d'achat des classes populaires (les riches se tailleraient rapidement). La France est devenue malthusienne, anti progrès, pessimiste : quelle tristesse. »

Tweet de l'urologue Laurent Alexandre,
publié le 3 octobre 2019[11].

Ce tweet est intéressant, dans la mesure où il s'agit d'une réaction à un sondage Odoxa[12] (réalisé pour BFM Business) qui mettait en lumière, quelques mois avant la crise du Covid, le fait qu'une majorité de Français souhaitait prendre le chemin d'une réduction de leur consommation.

Ici, le discours technosolutionniste prend appui sur plusieurs récits entremêlés, à savoir :

---

11. Voir twitter.com/dr_l_alexandre/status/1179671210046771200.

12. Ce sondage partait de la question suivante : « Pour vous, quel est le moyen le plus efficace pour résoudre les problèmes écologiques et climatiques actuels et futurs ? » Les répondants avaient le choix entre deux possibilités, soit 1) « Il faut investir massivement pour développer des technologies plus propres et plus respectueuses de l'environnement » (45 % des répondants) ou 2) « Il faut changer fondamentalement notre mode de vie, nos déplacements et réduire drastiquement notre consommation » (54 % des répondants).

– la croissance économique comme seul horizon rationnel possible (puisque la décroissance est décrite en termes négatifs) ;
– la paupérisation comme conséquence d'une politique économique écologiste ;
– la mise en parallèle entre la sensibilité à l'urgence climatique et le pessimisme (ce qui n'est pas sans rappeler l'utilisation de l'écoanxiété comme disqualification de la pensée écologiste, déconsidérée sous prétexte qu'elle reposerait sur un affect qui brouillerait tout jugement) ;
– la mise en lien avec la théorie malthusianiste[13], ce qui peut paraître paradoxal, car la limitation des naissances est en général un argument justement plutôt utilisé par les aficionados du progrès technologique, qui souhaitent maintenir le niveau de vie occidental en limitant les naissances dans les pays en voie de développement ;
– l'utilisation de la notion de progrès comme seul horizon, que nous avons déjà décrit dans l'ensemble de croyances liées au technosolutionnisme.

L'ensemble de ces discours spécifiques, concaténés en un seul tweet, montre aussi la confusion dans laquelle est entretenue une certaine critique de l'écologie, qui mêle parfois des arguments disparates. Ici, capitalisme, progrès, démographie et *statu quo* sont mobilisés afin de dépeindre l'écologie comme une idéologie qui plongerait inévitablement le monde dans une régression dramatique.

---

13. Pour rappel, le malthusianisme, inspiré des travaux de l'économiste britannique Thomas Malthus, prône un contrôle ou une restriction des naissances, afin de contrôler la croissance de la population en lien avec les ressources à disposition.

Exemple 3 : L'avion à tout prix

« C'est historique : aujourd'hui, à l'initiative de la France, plus de quarante États, des dizaines d'entreprises et représentants des salariés du secteur vont ensemble s'engager à décarboner le transport aérien d'ici à 2050. “Pas assez nombreux”, “pas assez rapide”, “pas assez ambitieux”, rétorqueront les esprits tristes pour lesquels il n'est de plus grand mal que l'avion. Ils en ont fait un bouc-émissaire, et de la décroissance le remède à tous leurs maux. »

Extrait d'une tribune de Jean-Baptiste Djebbari, alors ministre des Transports, dans le journal *L'Opinion*, le 4 février 2022[14].

Pendant son mandat de ministre des Transports, Jean-Baptiste Djebbari s'est régulièrement illustré par ses prises de position en faveur de l'industrie de l'aviation, et contre les associations écologistes, Greenpeace en tête (mais pas exclusivement). Dans cet extrait, le technosolutionnisme s'exprime à travers des marqueurs discursifs spécifiques, en se positionnant du côté de l'écologie, à travers la décarbonation du transport aérien (mais sans appeler à réguler le milieu de l'aviation, pourtant responsable d'une part considérable des émissions de gaz à effet de serre).

Le progrès technologique est mis en discours de manière positive. D'ailleurs, tous les acteurs qui seraient contre ce progrès, à tout le moins dans le domaine de l'aviation, se

14. Voir lopinion.fr/economie/avion-vert-la-france-mene-la-danse-la-tribune-jean-baptiste-djebbari.

retrouvent affublés de termes péjoratifs. Il s'agirait en effet d'« esprits tristes », favorables à la « décroissance ». Surtout, les opposants au technosolutionnisme attaqueraient le progrès technologique, en faisant de l'avion un « bouc-émissaire » ou un « grand mal ». Le discours organise le monde en deux camps : les bons contre les mauvais, des mauvais qui n'auraient de cesse de lutter contre les bons (donc contre le progrès), et contre lesquels il conviendrait de se défendre. Dans ce sens, le technosolutionnisme vert de l'ancien ministre propose un discours proche du greenwashing, en soumettant des solutions au sein d'un *statu quo* systémique, et en ignorant encore une fois les causes du réchauffement climatique.

> **Exemple 4 : Les pesticides du côté du progrès ?**
> « Quatre agences européennes de santé (dont la nôtre) estiment, une nouvelle fois, que le glyphosate n'est ni cancérogène, ni mutagène, ni reprotoxique. La question de sa réhomologation se pose. Désormais, deux choix s'offrent au politique : faire confiance à la science et la renforcer, ou jouer aux apprentis sorciers en écoutant les marchands de peur. Mais à la prochaine pandémie, qui sera crédible pour gérer la crise si la science n'est qu'un jouet qu'on casse quand il ne plaît pas ? »
>
> Publication d'Emmanuelle Ducros, journaliste à *L'Opinion*, sur sa page LinkedIn, le 16 juin 2021[15].

15. Voir linkedin.com/posts/emmanuelle-ducros-97047134_glyphosate-le-rapport-europ%C3%A9en-qui-rebat-activity-6811020986931044352-PJKK.

Les discours qui utilisent la technologie comme seule solution à des problèmes posés peuvent également concerner les évolutions de l'industrie chimique. Ici, la stratégie technosolutionniste prend une position de légitimation en se fondant sur la dimension institutionnelle (« quatre agences européennes de santé »), sans citer d'étude scientifique (les institutions officielles et les travaux de recherche constituant deux types d'acteurs fort différents). Dans cet énoncé, les opposants à « la science » (quelle que soit sa définition) sont qualifiés d'« apprentis sorciers », de « marchands de peur », qui souhaitent traiter la science comme un « jouet qu'on casse ».

Une fois de plus, les discours technosolutionnistes ne reposent pas simplement sur une promotion de ce qu'ils appellent le « progrès scientifique », mais ils se mettent en scène dans une opposition frontale avec l'écologie, qu'ils ne nomment jamais, mais simplifient grossièrement. En agitant une sorte d'épouvantail qui caricature les discours écologistes, ils font apparaître ces derniers aux yeux du grand public comme des ennemis à combattre – ce qui rappelle les travaux sur l'argumentation périphérique de Gilles Gauthier, qui a notamment travaillé sur les attaques *ad hominem* et la construction rhétorique de l'adversaire politique sous forme de caricature[16].

Concernant le glyphosate, des travaux de recherche ont montré que Monsanto a fait en sorte d'influer sur les

16. Gilles Gauthier, « L'argumentation périphérique dans la communication politique », *Hermès, La Revue*, 1995, 16 (2), p. 167-185.

études scientifiques pour diminuer les résultats liés à la dangerosité du célèbre herbicide[17], faussant par là un ensemble non négligeable d'études scientifiques[18], alors que les liens entre exposition au Roundup (l'un des pesticides phares de Monsanto, qui contient du glyphosate) et risques de cancer chez les humains sont avérés[19]. Rappelons également ici qu'une enquête a révélé que l'autrice des mots cités dans ce dernier exemple aurait été rémunérée par des lobbies de l'industrie agroalimentaire[20].

EXPÉRIENCE 7

Le discours technophile est partout autour de nous, y compris parfois dans nos conversations quotidiennes : il faut rester en alerte pour en repérer les ressorts.
Autour de vous, regardez quelles solutions techniques ou technologiques sont proposées pour répondre à l'urgence climatique. Lesquelles de ces solutions relèvent, selon vous, de pures croyances ?
Lesquelles proposent de traiter uniquement les conséquences du réchauffement climatique ? Lesquelles paraissent s'attaquer aux causes de ce réchauffement ?

---

17. Leemon B. McHenry, *« The Monsanto papers: Poisoning the scientific well »*, *International journal of risk & safety in medicine*, 2018, 29 (3/4), p. 193-205.

18. Sheldon Krimsky et Carsten Gillam, *« Roundup litigation discovery documents: Implications for public health and journal ethics »*, *Journal of public health policy*, 2018, 39, p. 318-326.

19. Martha E. Richmond, *« Glyphosate: A review of its global use, environmental impact, and potential health effects on humans and other species »*, *Journal of environmental studies and sciences*, 2018, 8, p. 416-434.

20. Accessible sur liberation.fr/checknews/2019/06/27/la-journaliste-emmanuelle-ducros-a-t-elle-ete-remuneree-par-des-lobbys-de-l-industrie-agro-alimentai_1734758.

À RETENIR DE CE CHAPITRE

- Le technosolutionnisme constitue une forme de croyance dans le fait que le progrès permettra de sauver l'humanité de n'importe quelle forme de danger.

- Le technosolutionnisme s'appuie sur une stratégie discursive de dépolitisation, qui place le progrès technique et technologique et ses solutions au-dessus des questions politiques.

- Le technosolutionnisme est souvent utilisé dans une stratégie argumentative d'opposition aux discours écologistes, afin de contrer les discours de décroissance, de critique de la société de consommation et de remise en question du capitalisme industriel.

- Le technosolutionnisme est une stratégie discursive proche des milieux conservateurs qui l'utilisent de manière fréquente afin de conserver leurs intérêts.

PETITS GESTES ET COLIBRISME : ÉCOLOGIE INDIVIDUELLE OU ÉCOLOGIE COLLECTIVE ?

Dans l'espace public, outre les discours prônant l'inaction pour répondre à l'urgence climatique (comme le techno-solutionnisme), on trouve d'autres discours, centrés sur l'action individuelle, qui essaient de juguler les causes et d'en minorer les effets, grâce à la prise de conscience et la mise en œuvre d'actions concrètes. Parmi ces discours, on retrouve les gestes quotidiens qui permettraient de limiter l'augmentation de la température du globe : modification des habitudes alimentaires, fabrication de produits à la maison, changements au niveau du logement et des transports…

Cette logique, c'est le colibrisme, en référence à la métaphore du colibri popularisée par Pierre Rabhi et incarnée par le mouvement Colibris, qui invite chacun à « faire sa part ». Initialement appelé Mouvement pour la Terre et l'Humanisme, Colibris tire son nom d'une légende amérindienne, racontée par Pierre Rabhi :

> « Un jour, dit la légende, il y eut un immense incendie de forêt. Tous les animaux terrifiés, atterrés, observaient impuissants le désastre. Seul le petit colibri s'activait, allant chercher quelques gouttes avec son bec pour les jeter sur le feu. Après un moment, le tatou, agacé par cette agitation dérisoire, lui dit : "Colibri ! Tu n'es pas fou ? Ce n'est pas avec ces gouttes d'eau que tu vas éteindre le feu !" Et le colibri lui répondit : "Je le sais, mais je fais ma part"[1] ».

Dans sa version la plus exaltante, le colibrisme propose de susciter de l'espoir grâce à un engagement quotidien, et la création de communautés de pratiques et de discours. Dans sa version la plus culpabilisante, il rend les individus responsables des choix et des pratiques qui aggravent le réchauffement climatique, ignorant par là les logiques politiques, économiques et sociales à l'œuvre, et peu propices à la modification de nos habitudes climaticides. La célèbre maxime « quand on veut, on peut », qui est sa devise, n'est-elle pas tout aussi aliénante que le système économique et

1. Plus d'informations sur colibris-lemouvement.org.

social dans lequel nous vivons, et qui alimente le réchauffement climatique ?

Il faut savoir que le colibrisme peut être soit choisi (quand les individus font le pari de l'efficacité de leur action en les déconnectant des réponses collectives), soit subi (lorsque des gouvernements font peser sur les individus seuls le poids de la responsabilité face aux désastres climatiques et à leurs effets).

Reconquérir une capacité d'agir face à l'urgence climatique

Il faut être clair : il n'y a pas de solution purement individuelle ou purement collective pour faire face au changement climatique.

Le sujet est complexe, puisqu'il mêle habitudes culturelles, structures sociales, intérêts économiques et enjeux psychoaffectifs. Il y a bien sûr quelque chose de vertueux dans le fait de s'engager personnellement face à l'urgence climatique : mis à part les changements domestiques à mettre en place dans le quotidien, les individus peuvent prendre parti, proposer des initiatives locales ou s'engager dans des associations. L'engagement individuel représente d'ailleurs l'une des clefs de l'action climatique, afin que la sensibilisation générale passe par des exemples concrets de ce qu'il est possible de faire. Autre vertu de cet engagement, il peut aussi provoquer l'adhésion à des partis ou à des candidats qui proposent des programmes ambitieux concernant le climat.

Cependant, comme le rappellent les chercheurs belges Anneleen Kenis et Erik Mathijs[2], la responsabilité individuelle seule ne suffit pas. En effet, la question des responsabilités face à l'urgence climatique est loin d'être évidente car si nos modes de vie posent problème, ils posent problème à plusieurs niveaux, de la vie domestique aux investissements du monde de la finance. Or, les discours qui mettent l'accent sur la responsabilité individuelle ont tendance soit à ignorer les causes climatiques, soit à donner l'impression fausse que c'est à l'échelle individuelle seule que pourrait s'opérer les changements capables de modifier l'intégralité du système dans lequel nos sociétés prospèrent.

L'économiste Trudy Ann Cameron l'évoquait dès 2005[3], la mise en place d'actions engagées au niveau individuel comporte souvent des coûts économiques – et tous les individus, en fonction de leur situation sociale et de leurs intérêts, ne sont pas capables d'engager des investissements financiers pour faire face à l'urgence climatique. Pour ne citer que cet exemple, la rénovation des passoires énergétiques (logements

---

2. Anneleen Kenis et Erik Mathijs, « *Beyond individual behaviour change: The role of power, knowledge and strategy in tackling climate change* », *Environmental education research*, 2012, 18 (1), p. 45-65.

3. Trudy Ann Cameron, « *Individual option prices for climate change mitigation* », *Journal of public economics*, 2005, 89 (2/3), p. 283-301.

mal isolés, systèmes de chauffage obsolètes, etc.) coûte cher aux particuliers et requiert des subventions substantielles de la part de l'État. Autre écueil important, le colibrisme encourage la comparaison des individus entre eux, dans une compétition morale qui confine à une authentique « course à la vertu » – une tendance qui place les individus dans un véritable marché de la pureté de l'engagement quotidien.

Toutefois, d'autres études montrent que l'engagement individuel constitue un pas important pour passer de l'écoanxiété (l'angoisse générée par la prise en compte de l'urgence climatique et de ses conséquences) à l'engagement concret. On peut supposer que la majorité des activistes appliquent dans leur vie quotidienne un certain nombre de principes écologiques. Pour le psychologue Torsten Grothmann et le géographe Anthony Patt[4], il est même important, du point de vue cognitif et social, de passer par une phase individuelle d'engagement au quotidien, pour éprouver par soi-même le pouvoir qu'on a d'agir. Toutefois, le fait de faire son pain, d'adopter un régime végane et de troquer sa voiture contre un vélo ne suffit pas, hélas, pour faire respecter les Accords de Paris ; d'autres actions sont nécessaires, à plus grande échelle – et c'est souvent à partir de ce moment que l'activisme entre en scène (voir le chapitre « Militantismes langagiers : quand l'activisme fait bouger les lignes », p. 181).

4. Torsten Grothmann et Anthony Patt, *« Adaptive capacity and human cognition: The process of individual adaptation to climate change »*, *Global environmental change*, 2005, 15 (3), p. 199-213.

Responsabilité individuelle *vs* responsabilité systémique

Le colibrisme a tendance à recréer des communautés qui se pensent en autonomie par rapport au monde extérieur, dans un fantasme d'indépendance. Cela ne règle pas le problème de l'urgence climatique mais donne l'illusion réconfortante que le repli individuel apporte une forme de sécurité. Or, comme le rappelle la scientifique canadienne Johanna Wolf[5], l'adaptation et les réponses au changement climatique constituent un processus social complexe. Malheureusement, l'imaginaire d'un « micro-monde » protégé ou préservé des pires effets du réchauffement climatique ne permet pas de porter des messages au-delà des sphères privées…

Ce point de vue est approfondi par des travaux de la journaliste Jade Lindgaard[6], qui critique la « sobriété heureuse » développée par Pierre Rabhi et son mouvement, en parlant d'« écologie inoffensive ». Selon elle, il s'agit même d'un engagement écologique qui opère de l'exclusion, dans la mesure où le repli sur des communautés exclut *de facto* celles et ceux qui n'ont pas les moyens matériels ou économiques de pouvoir s'engager sur de tels changements individuels. Il ne suffit pas de « le vouloir ».

---

5. Johanna Wolf, « *Climate change adaptation as a social process* », *in* J. Ford et L. Berrang-Ford (éds.), *Climate change adaptation in developed nations*, Springer, 2011, p. 21-32.
6. Jade Lindgaard, « Pierre Rabhi, chantre d'une écologie inoffensive ? Dans la galaxie de la "sobriété heureuse" », *Revue du crieur*, 2016, 5 (3), p. 104-119.

Pour les sciences de gestion, comme le soulignent les chercheurs Charlotte Demonsant, Armand Hatchuel, Kevin Levillain et Blanche Segrestin[7], l'engagement individuel ne doit pas faire oublier que c'est aussi aux structures collectives (acteurs privés comme acteurs publics) de mettre en œuvre des réponses pour entraîner l'ensemble des communautés, et donc des individus, vers des changements de comportement structurels.

C'est également ce que propose la psychologue néerlandaise Linda Steg, lorsqu'elle évoque, dans un article paru dans *Nature Climate Change*[8], la nécessité de produire des études scientifiques à propos de l'action face au changement climatique, pour analyser les rapports entre dimensions individuelles et collectives, et leurs capacités à s'influencer mutuellement.

Il ne s'agit pas de dire qu'il ne faut pas apporter de réponse individuelle, et que seuls les changements globaux sont efficaces ; aux niveaux affectif et cognitif, déjà, l'action individuelle permet à une personne d'incarner son engagement et de le matérialiser, ce qui est un pas important. Néanmoins, tous les individus ne disposent pas des mêmes conditions matérielles, économiques, sociales et sanitaires pour le faire, et le colibrisme part parfois du principe que l'action individuelle se suffit à elle-même – voire qu'elle

7. Charlotte Demonsant, Armand Hatchuel, Kevin Levillain et Blanche Segrestin, « De la ressource commune au péril commun : repenser nos modèles de l'action climatique », *Revue de l'organisation responsable*, 2021, 16 (3), p. 57-67.

8. Linda Steg, *« Limiting climate change requires research on climate action »*, *Nature climate change*, 2018, 8, p. 759-761.

est la seule réponse possible, comme si la dimension collective ne constituait qu'une contingence anecdotique. Ce faisant, le colibrisme, notamment choisi, dépolitise malgré lui le besoin de réponses collectives face au changement climatique, alors même qu'elles sont indispensables. En revanche, le colibrisme subi, comme nous allons le voir, est le fruit d'une réponse politique individualisée, afin d'éviter de prendre des mesures structurelles plus ambitieuses ; par exemple, les politiques publiques vont encourager les personnes à trier leurs déchets (ce qui est par ailleurs fort vertueux), alors même qu'en 2022, seuls 26 % des déchets plastiques étaient recyclés après avoir été triés[9] – le reste étant remélangé aux autres déchets que l'on demande aux foyers de soigneusement séparer.

Colibrisme : faire « sa part » ou faire « à part » ?

Les discours du colibrisme (subi ou choisi) encouragent souvent les individus à faire leur part, sans poser les conditions matérielles, sociales, psychoaffectives, sanitaires et économiques des décisions qui engagent leur quotidien.

---

9. Ces chiffres de l'ONG WWF ont notamment été rapportés dans un article du journal *La Tribune* : latribune.fr/regions/bourgogne-franche-comte/massification-du-tri-bourgogne-recyclage-et-citeo-creent-le-plus-grand-centre-de-sur-tri-des-dechets-plastiques-de-france-940408.html.

Souvent, ces discours ne sont pas déconnectés de la notion de communauté ou de partage, mais ils partent du principe que les changements ne peuvent venir que des individus et sont les seuls leviers des mutations sociales. Si ce constat est partiellement réaliste, il n'est pas toujours lucide.

> **Exemple 1 : La course à la perfection individuelle**
> « Cela fait des années que je fais ma part, je l'avais dit à un jeune collègue qui me faisait la "leçon" lorsque je travaillais encore. Je me souviens au tout début du recyclage des déchets, être partie faire mes courses en ville avec la malle pleine de cartons, bouteilles en verre et autre parce qu'à l'époque il n'y avait rien dans mon petit village et qu'on ne trouvait des bennes que sur les parkings des grandes surfaces… Je fais ma part depuis longtemps en consommant local, en bannissant le suremballage, etc. »
>
> Commentaire du blog Bonheur du jour,
> sous l'article « La question du lundi : je fais ma part »,
> publié le 26 décembre 2021[10].

Dans cet extrait, une internaute fait un commentaire à la suite d'un billet de blog. Cette personne évoque ses efforts quotidiens, mais elle le fait en se comparant à une autre personne (soit « un jeune collègue qui [lui] faisait la "leçon" »).

10. Voir bonheurdujour.blogspirit.com/archive/2021/12/05/la-question-du-lundi-je-fais-ma-part.html.

Ce positionnement moral entraîne une compétition entre les individus et leur capacité à être des colibris efficaces. C'est l'un des effets pervers du colibrisme, y compris lorsqu'il est choisi (comme dans cet extrait) : chaque individu risque de se comparer à d'autres, et, ce faisant, de reproduire les travers du néolibéralisme.

Le sociologue argentin Adrian Scribano[11] définit justement cette version du néolibéralisme couplée à une forme de « développement personnel » qui ne dépend que de la volonté individuelle, et qui fait reposer l'intégralité de la responsabilité sur l'individu (le fameux « consomm'acteur ») dans bon nombre de sujets (capacité à faire ses choix en matière d'éducation ou de recherche d'emploi, par exemple). Pour Adrian Scribano, cette idéologie excuse et invisibilise les défaillances structurelles d'un État, qui se déleste de ses missions pour que celles-ci soient prises en charge à l'échelle individuelle. Ainsi, le colibrisme fait écho à cette responsabilisation de l'individu en tentant de lui donner des atours vertueux, mais ne résout pas l'importance de la dimension collective et politique.

Exemple 2 : Un engagement hors contexte ?

« D'après cette étude, la France est véritablement parmi les pays où les citoyens sont les moins engagés sur ces sujets. Ils font ainsi nettement moins bien que la Chine

---

11. Adrian Scribano, *« The thousand faces of neoliberalism: From politics to sensibilities »*, *in* Adrian Scribano, Freddy Timmermann Lopez et Maximiliano E. Korstanje (éds.), *Neoliberalism in multi-disciplinary perspective*, Palgrace Macmillan, 2019, p. 89-118.

(où 74 % des citoyens disent être prêts à mieux trier, et 72 % à moins prendre leur voiture), moins bien que l'Inde, l'Afrique du Sud et même les États-Unis. »

Clément Fournier, rédacteur en chef du site Youmatter, extrait de l'article « Comportements écologiques : les Français mauvais élèves »[12].

Au-delà du titre de l'article dont il est ici question, cet extrait donne une idée de l'ensemble du texte qui détaille les comportements que les Françaises et les Français ne souhaiteraient pas changer. Cet article n'évoque jamais les conditions économiques et sociales de certaines possibilités de changement – le thème de la justice sociale étant cité simplement à la fin de l'article, au cours d'une mention allusive.

Ainsi, on retrouve une nouvelle fois l'un des axes argumentatifs du colibrisme, qui consiste à susciter de la comparaison et de la compétition, voire de la culpabilité : il s'agit de proposer un colibrisme « à subir », puisqu'il faudrait, d'après l'article, poursuivre envers la population les actions de sensibilisation et d'éducation. Ce discours est infantilisant et tend à définir les individus non pas comme des partenaires des politiques publiques, mais comme des cibles à « civiliser », en les plaçant dans une posture de mauvais élève particulièrement contre-productive.

12. Voir youmatter.world/fr/comportements-ecologiques-francais-retard.

Exemple 3 : Individus nuisibles, gouvernance vertueuse ?

« La volonté des pouvoirs publics d'influer sur le comportement des individus peut être considérée comme nécessaire et donc légitime quand les comportements individuels ont des conséquences sur le reste de la société. Les politiques publiques cherchent alors à réduire les comportements ayant des conséquences collectives négatives et à favoriser ceux dont l'impact est positif. Cette question des conséquences sur autrui est d'autant plus cruciale dans le domaine de l'environnement que le comportement de chacun a des conséquences non seulement sur ses contemporains, mais aussi sur les générations futures. »

Extrait du site Territoires & Climat mis en place par l'Ademe, au sein de la ressource « Changer les comportements, levier de la transition énergétique »[13].

Dans cet extrait, qui met en relation une représentation des pouvoirs publics et une représentation des individus et de leurs comportements, chacun est perçu comme un être potentiellement nuisible pour le bien commun et pour le climat. Pourtant, un grand nombre de dispositions échappent totalement aux contingences de la vie quotidienne : difficile de changer son comportement lorsque les transports en commun sont inexistants, que l'on habite une passoire énergétique, ou que l'on est tributaire des politiques

13. Voir territoires-climat.ademe.fr/ressource/294-103.

énergétiques des États. Bien évidemment, le ressort de la culpabilisation individuelle est activé avec la question des « conséquences sur les autres », puis sur le vivant et la planète en général. Une fois de plus, on parle d'influer sur les comportements dans une logique de colibrisme subi, qui culpabilise au lieu de responsabiliser, et qui met au pilori au lieu d'entraîner vers un récit positif.

> **Exemple 4 : Entre écologie et développement personnel**
> « Bien sûr, cela est extrêmement positif de mettre en place des actions dans son quotidien et ces changements sont de loin indispensables également (acheter local et bio, zéro déchet, végétarisme, véganisme…). Ces gestes sont même la preuve que vous avez touché quelque part à l'éveil de votre conscience. Mais à l'heure de l'alerte générale, est-ce suffisant pour sauver l'humanité et la planète ? Qu'en est-il de l'écologie intérieure à chacun ? De l'écoute de soi, de ses intuitions, de son cœur ? De l'empathie envers ses confrères, de la fin du jugement des autres et du superficiel ? Du détachement de l'ego et du pouvoir ? Du nettoyage de ses croyances et illusions ? De l'Amour ? »
>
> Extrait de l'article « Écologie intérieure : bien-être et développement durable », publié le 16 octobre 2018 par l'autrice du site En Vert Et Contre Tout[14].

14. Voir envertetcontretout.ch/2018/10/16/ecologie-interieure-bien-etre-developpement-durable.

Développement durable et engagement écologique sont assimilés à du développement personnel, autre avatar du colibrisme choisi ; rappelons que l'individu partisan de méthodologies ou de pratiques dites « alternatives » peut parfois aller jusqu'à l'adoption de comportements sectaires, comme le montrent les travaux du sociologue Nicolas Marquis (ce qui n'est *a priori* pas le cas du site Internet cité plus haut, pour être parfaitement clair). Toutefois, ici, les gestes écologiques sont présentés comme insuffisants, non parce qu'ils devraient être entrepris de manière collective, mais parce qu'il faudrait développer une « écologie intérieure » basée sur « l'écoute de soi » ou encore le « détachement de l'ego ». Mais nulle part dans l'article, il n'est fait mention des changements politiques, sociaux et économiques à mener afin de provoquer des changements à des échelles assez grandes pour limiter le réchauffement global et les émissions de gaz à effet de serre…

EXPÉRIENCE 8

Les gestes individuels ne sont pas une mauvaise chose en soi : ils sont nécessaires et participent d'une sensibilisation collective, doublée d'une prise de conscience qui peut amener, par exemple, à modifier les engagements citoyens et à diffuser de bonnes pratiques. Toutefois, il est important de bien mesurer la portée de ces gestes.

Faites cette expérience : quels gestes individuels ou domestiques avez-vous mis en place ? Quelles ont été les conditions (matérielles, psychologiques…) qui vous ont permis de les mettre en place ? Quels gestes ou changements sont hors de votre portée et nécessiteraient des politiques ambitieuses ? Qui, autour de vous, a effectué de tels changements ?

À RETENIR DE CE CHAPITRE

- Le colibrisme établit que les changements individuels seuls suffisent à faire changer les choses ; de surcroît, il provoque la comparaison et la mise en compétition des individus, dans une logique de marché de la vertu.

- Le colibrisme peut être soit choisi, dans la mesure où un individu s'engage de lui-même sur cette voie, soit subi, s'il est le fruit d'un rapport d'influence ou de domination.

- Le colibrisme peut être comparé au développement personnel ou au coaching, ou encore à des pratiques identifiées comme sectaires.

- Le colibrisme offre une analyse partiale des origines du réchauffement climatique et omet de prendre en considération les contraintes économiques, sociales, psychoaffectives, sanitaires et culturelles qui permettent ou non aux individus de s'engager.

COLLAPSOLOGIE : LE MONDE D'APRÈS

La connaissance des conséquences liées au réchauffement climatique, notamment les scénarios les plus pessimistes du GIEC, donne lieu à un ensemble de mouvements que l'on peut qualifier d'« effondristes » ou de « collapsologistes ». J'utilise ici les termes *collapsologie* (tiré de l'anglais *to collapse, s'effondrer*) et *effondrisme* comme des synonymes : les deux représentent des approches politiques, idéologiques et philosophiques liées à l'effondrement de nos sociétés en raison du bouleversement climatique. Ces mouvements se préparent à un futur sombre. Ils constituent des communautés qui s'arment d'un ensemble de savoirs et de compétences, pour être certaines de survivre après l'effondrement des sociétés. Ce type de comportement ne tente pas d'agir contre le réchauffement climatique ; au contraire, il acte le fait que ce réchauffement aura lieu, et que les pires scénarios seront les plus probables, en raison de l'inaction politique et de l'incapacité des sociétés dans leur ensemble à se transformer radicalement.

Les discours effondristes ne cherchent pas à agir sur les causes ou les conséquences du changement climatique : ils proposent simplement de se préparer au « monde d'après ». Dans ce monde, prétendent-ils, il faudra parvenir à se débrouiller seul, à se défendre face à une adversité hostile, et à évoluer dans un monde où, repliées sur elles-mêmes, des communautés auront appris à survivre localement en s'organisant pour subvenir à leurs propres besoins.

Certains de ces discours effondristes omettent totalement de parler des personnes les plus fragiles qui auront besoin d'être soutenues (enfants, personnes en situation de handicap…) et invitent à l'auto-organisation plutôt qu'à l'entraide, laissant de côté, bien souvent, le sujet des discriminations pourtant inexorables dans ce type de reconfiguration sociale. Dans le pire des cas, ces récits conduisent à des formes d'« écofascisme », d'après le terme du chercheur en écologie politique Antoine Dubiau[1]. Selon lui, en effet, certaines déclinaisons de l'écologie conduisent à une discrimination envers les personnes fragiles ou étrangères, et se rapprochent d'idéologies extrémistes selon lesquelles l'écologie doit mener à la survie des communautés les plus fortes ou les plus adaptées aux conditions de vie effondristes.

1. Antoine Dubiau, *Écofascismes*, Grevis, 2022.

La fascination de la fin

Effondrisme et extrême droite

Les imaginaires collapsologistes expriment deux choses : d'une part une forme d'excitation face à la fin, qui réveille les côtés les plus sombres de nos sociétés, et d'autre part une capacité idéalisée de l'être humain à repartir de zéro et à renouer une relation, par ailleurs très fantasmatique, avec la nature.

L'idée d'un effondrement des sociétés humaines est donc susceptible de provoquer des réactions de repli – d'autant que certains discours effondristes se rapprochent par moments des discours colibristes. Toutefois, au sein de certains mouvements effondristes ou collapsologistes, qui vont au-delà des hypothèses de Pablo Servigne (qui a popularisé le concept de collapsologie en 2015[2]), il existe une tendance survivaliste qui joue une partition aux contours flous, au sein de laquelle les êtres humains ne sont plus liés par une forme de solidarité élémentaire, et risquent de devenir de véritables ennemis les uns pour les autres.

Dans ce cas, comme le rappelle Antoine Dubiau[3], on distingue une réappropriation des concepts de territoire et d'échelle locale par des mouvements écologistes d'extrême

---

2. Pablo Servigne, Raphaël Stevens et Gauthier Chapelle, *Une autre fin du monde est possible*, Seuil, 2018.

3. Interview parue le 9 mai 2022 dans le magazine en ligne *Usbek & Rica*, accessible sur usbeketrica.com/fr/article/contre-l-ecofascisme-il-faut-revenir-a-une-conception-socialiste-de-la-decroissance.

droite, qui en font un espace identitaire à défendre – un changement d'échelle par rapport à la défense de la nation, mais qui repose sur des idées identiques : si la défense de la nation consiste à se protéger face à des dangers venus de l'extérieur, la défense d'un territoire plus restreint veut sauvegarder les spécificités culturelles de celui-ci, menacées par un effondrement coordonné de plusieurs pans de la société.

Le survivalisme : le risque du repli sur soi

Aux côtés de ces théories, qui proposent une rencontre entre certaines idées d'extrême droite (y compris de la droite catholique conservatrice) et une écologie focalisée exclusivement sur le territoire et le localisme, existe le courant survivaliste.

Ce courant propose non pas de *vivre avec* le changement climatique, mais de *survivre à* celui-ci. Cette notion de survie implique un monde radicalement différent, rendu chaotique par l'effondrement des sociétés. Bien évidemment, le survivalisme n'a pas qu'une origine climatique ; certains survivalismes ancrés dans l'extrême droite agitent le fantasme d'une fin des sociétés occidentales à cause du multiculturalisme ou de l'avancée des droits sociaux – mais ce n'est pas cette forme-ci qui nous intéresse dans cet ouvrage.

Des chercheurs canadiens[4], de l'Université d'Ottawa, nomment cette tendance l'« écosurvivalisme ». Selon eux, il

4. Ryan Katz-Rosene et Julia Szwarc, « *Preparing for collapse: The concerning rise of "eco-survivalism"* », *Capitalism Nature Socialism*, 2022, 33 (1), p. 111-130.

s'agit d'un mouvement qui produit des discours cherchant non pas à trouver des solutions ou à agir face au changement climatique, mais à sortir de l'espace social afin de se préparer au pire. Pour ces chercheurs, l'essor des discours écosurvivalistes serait causé par la perception d'une urgence écologique de plus en plus pressante du fait des résultats catastrophiques des politiques capitalistes néolibérales. La diffusion de ces discours constituerait une réaction à un état de fait politique, économique et social, qui aurait pour objectif de produire un contre-système auto-organisé. En outre, ces discours se conjuguent à un défaitisme environnemental, à une dépolitisation de l'action climatique (ces discours n'enjoignent pas à militer pour le climat), et surtout à une cécité face aux injustices sociales et économiques, actées comme insolubles et encourageant la survie des individus les plus forts ou les mieux organisés – au mépris des individus les plus fragiles, abandonnés littéralement.

Un antidote au repli ?

Pour le géographe britannique Mark Usher[5], la construction de discours environnementaux doit dépasser les identités locales tout en les défendant, sans prendre le risque du repli. Selon lui, cette tentation du repli est causée par l'image de la nature véhiculée dans les discours autour du

5. Mark Usher, *« Defending and transcending local identity through environmental discourse »*, *Environmental politics*, 2013, 22 (5), p. 811-831.

terroir et de l'identité locale qui activent des représentations qui influencent nos manières d'agir. Ici, c'est l'engagement politique pour des valeurs communes qui peut permettre à des mouvements locaux de s'unir et d'agir, en évitant les discours de repli. Il s'agit en effet d'éviter de tomber dans le piège de l'effondrement comme seul horizon possible. Pour la géographe canadienne Danielle Tessaro[6], il est aussi question de constater la responsabilité des pouvoirs publics, qui excluent souvent les populations locales dans les décisions prises – que ce soit pour défendre des écosystèmes locaux ou bien pour les détruire en exploitant des ressources. Ce type de faute politique permet à des discours de repli de prospérer et d'envisager l'effondrement comme seule trame narrative.

En outre, comme le précise le sociologue Cyprien Tasset[7], les théories effondristes ont également le vent en poupe dans la mesure où elles offrent un débouché. Alors que tout semble perdu et que l'avenir paraît sombre, la collapsologie, proposée notamment en France par Pablo Servigne, semble offrir une porte de sortie qui redonne une forme d'espoir et de motivation. Puisque le chaos s'avère inéluctable, puissions-nous néanmoins reprendre le contrôle de la situation, ne plus nous sentir impuissants face à l'ampleur du changement climatique, et agir à notre mesure pour préserver une vie simple et sobre avec les siens…

6. Danielle Tessaro, *« Transitions in environmental policy discourse, from ecologically and socially guided to profit-driven: What is the effect of the institutional policy-making process? »*, *Journal of environmental policy & planning*, 2022, 24 (1), p. 68-80.

7. Cyprien Tasset, « L'effondrement et ses usagers. Éclectisme et réception d'une vulgarisation hétérodoxe en écologie scientifique », *Zilsel*, 2022, 10 (1), p. 73-103.

Dans une certaine mesure, les discours effondristes ou collapsologistes constituent une forme de version guerrière du colibrisme (voir le chapitre précédent : « Petits gestes et colibrisme », p. 143) – mais, contrairement à ce dernier, dénués de l'espoir de pouvoir changer quoi que ce soit à l'évolution climatique, puisqu'il s'agit ici, rappelons-le, d'acter la fin d'un monde et de participer à la construction du monde d'après. Là où le colibrisme repose sur la transformation de l'individu pour redonner de l'espoir au sein d'un collectif plus large, sans jamais se couper de la société, le collapsologisme, dans sa forme la plus extrême, assume une rupture totale, voire séparatiste, avec la société telle qu'elle est organisée aujourd'hui.

Vivre avec la catastrophe climatique : la commodité du fatalisme

Communautés et écosystèmes

Pour la journaliste environnementale Agnès Sinaï[8], présidente et fondatrice de l'Institut Momentum, qui constitue

8. Agnès Sinaï, « Logiques de l'effondrement : du schisme de réalité à une géographie de l'atterrissage », *Écologie & politique*, 2022, 64 (1), p. 21-35.

un réseau de réflexion sur l'anthropocène[9], le passage par la collapsologie doit stimuler le travail sur la notion de biorégion (un territoire délimité par des limites exclusivement géographiques qui englobent à la fois les écosystèmes et les communautés humaines) et sur les limites écologiques des écosystèmes. Il s'agit de s'approprier des discours sur la conscience des limites naturelles et sur notre capacité à vivre avec ces limites, afin de développer une meilleure connaissance de l'ensemble de ces contraintes et de ces possibilités. Dans ce cas de figure, les discours de la collapsologie permettent une forme de reconnexion salutaire à ce que l'on appelle trop facilement la « nature », soit les environnements dont nous faisons partie, avec l'ensemble de leurs qualités et de leurs caractéristiques ; ils doivent permettre, en somme, de mieux comprendre ce que le changement climatique signifie concrètement.

De l'attrait de la *low-tech*

Plus largement, ces discours autour de l'effondrement sont parfois associés aux discours de décroissance, de sobriété ou encore de ce que l'on appelle la « *low-tech* » (ou présence minimale, voire absence de technologie, quelle que soit sa forme). Autour de ces discours, plusieurs concepts voient le jour : habitats écologiques et *tiny houses* (« petites maisons »),

9. L'anthropocène désigne l'époque géologique dans laquelle nous sommes entrés et qui n'est plus influencée que par l'activité humaine

transition agricole, apprentissage de nouvelles compétences et connaissances du quotidien, ou encore tentatives d'apprentissage d'une vie différente en accord avec les contraintes écosystémiques. Certes, ces discours peuvent produire une volonté de mieux connaître l'environnement et la biodiversité, tout en motivant des changements de vie qui limitent les émissions de gaz à effet de serre. Mais ces discours, une fois encore, risquent de déconnecter l'individu de la dimension politique en le condamnant *in fine* à une forme de colibrisme.

Se replier pour mieux renoncer

Comme le rappelle l'éco-anthropologue Jean Chamel[10], les discours collapsologistes, qui préfèrent parler de fin *d'un* monde plutôt que de fin *du* monde (ce à quoi il est objectivement difficile de donner tort), s'accompagnent parfois de discours d'écospiritualité (une spiritualité nourrie par la dimension écologique et le lien, souvent fantasmé, avec une nature libérée de l'espèce humaine), qui connaissent parfois des dérives plus ou moins sectaires. Comme dans le colibrisme, qui tente d'agir sur le climat par de petits gestes individuels, la collapsologie encourage un repli défensif, avec son système de croyances communautaires qui propose de réorganiser la vie en groupe et de lui donner une nouvelle signification.

---

10. Jean Chamel, « Faire le deuil d'un monde qui meurt. Quand la collapsologie rencontre l'écospiritualité », *Terrain. Anthropologie & sciences humaines*, 2019, 71, p. 45-66.

Il s'agit en effet bien de cela, comme pour tout discours autour du climat : essayer de faire sens d'un événement qui devient inéluctable au fur et à mesure que l'inaction climatique s'installe. Ce sens peut passer par un abandon de ce qui fait nos sociétés, pour tenter de construire de nouvelles formes d'organisation adaptées à un monde différent – ou fantasmées comme telles.

Le philosophe Pierre Charbonnier[11], spécialiste de l'étude des liens entre écologie et politique, propose une critique de la collapsologie – non pas de sa forme survivaliste et de ses possibles dérives écofascistes, mais de sa forme plus ancrée dans des valeurs dites de gauche, et qui peut être accusée de donner une image romantique de l'effondrement et de la vie à reconstruire après le changement climatique. Pour Pierre Charbonnier, il ne s'agit pas de résilience, mais d'un commerce de la sidération, devant ce que les collapsologues estiment être un désastre de grande ampleur (tout en rappelant ici que les *leaders* des mouvements collapsologues ne sont pas des scientifiques, encore moins du GIEC). Le discours proposé est donc celui d'un renoncement fataliste, qui évacue *de facto* l'ensemble des questions liées à la solidarité des individus face aux masses d'événements qui peuvent déstabiliser les sociétés, et qui risque de faire surgir les pires réflexes racistes, sexistes, validistes (c'est-à-dire qui ne prennent en compte que le point de vue des personnes valides, et laissent de côté les personnes en situation

11. Pierre Charbonnier, « Splendeurs et misères de la collapsologie. Les impensés du survivalisme de gauche », *Revue du crieur*, 2019, 13 (2), p. 88-95.

de handicap) et autres. En outre, cette fuite en avant, qui souligne une absence de confiance dans l'action politique, passe aussi sous silence les nombreux problèmes que rencontreraient des sociétés effondrées – à commencer par une politique de santé publique inexistante… ce qui ruinerait toute volonté de vie autonome.

Dépasser le romantisme effondriste

Dans ce sens, les discours effondristes constituent, même si cela peut paraître contre-intuitif, une forme de confort : le confort d'avoir eu raison avant les autres, d'avoir une seule réponse simple à apporter à une situation complexe, accessible à une frange de la population qui pourra s'en donner les moyens, le confort de la cécité face aux populations fragiles qui subissent déjà le changement climatique – par exemple les îles Vanuatu, menacées de disparition en raison de la montée des eaux[12], ou encore les îles Tuvalu.

Or, rien n'indique que l'ensemble des potentiels désastres à venir aboutira à une situation romantique où les humains se retrouveront, seuls et libérés du capitalisme consumériste, face à la nature, dans une posture de réapprentissage du lien au vivant et à la nature.

12. Le 9 décembre 2022, les îles Vanuatu, à la tête d'une coalition de plusieurs pays, ont ainsi saisi la justice internationale pour pousser les gouvernements du monde à agir. Voir lemonde.fr/planete/article/2022/12/21/menace-par-le-rechauffement-climatique-le-vanuatu-veut-saisir-la-justice-internationale-pour-pousser-les-gouvernements-a-agir_6155270_3244.html.

Les discours collapsologistes ont des accents naturalistes, voire essentialistes : ils nient la diversité des inégalités de conditions humaines, ainsi que la complexité des effets du changement climatique. Ils se projettent dans un après idéalisé, qui a toutes les raisons de ne pas se passer comme les thèses effondristes l'imaginent. En réalité, personne n'est en mesure d'imaginer cet après, si après il y a.

Collapsologie : la tentation de la fuite en avant

Les discours qui appartiennent à la famille de la collapsologie, de l'effondrisme ou du survivalisme ne sont pas toujours des discours anxiogènes. Certains parviennent même à faire croire que les effets du changement climatique constituent une chance pour l'espèce humaine (en passant sous silence les nombreuses conséquences pour les plus vulnérables). Cette particularité n'est pas anodine : elle montre que le souhait d'une fin d'un monde n'est pas qu'une question d'optimisme ou de pessimisme, en tout cas pour celles et ceux qui produisent ou font circuler ce type de discours.

Dans une logique de repli et de préparation d'une vie plus rude et plus sobre, les discours effondristes ou collapsologistes allient une forme de spiritualité et des conseils pratiques pour se préparer à la fin de nos sociétés telles que nous les connaissons. Ces discours mettent en scène des narrateurs, le plus souvent des hommes, qui intègrent des communautés de survie, en y trouvant une forme de reconnaissance sociale et de confort affectif, malgré les récits inquiétants qui structurent leurs discours. Mais toutes les communautés ne s'organisent pas autour de la dimension de survie : pour certaines, il s'agit également de recréer une société plus juste, équitable et durable.

Exemple 1 : Deux minutes avant la fin du monde
« Ayant "récemment" eu des retours de mes proches sur la collapsologie et les limites de notre société, je me renseigne de plus en plus sur comment se protéger et préparer au mieux le après. Pour faire court, je suis actuellement dans une grande ville, jeune active et non propriétaire. J'ai commencé mon sac de survie. J'aimerais des conseils multiples sur plusieurs points car je vous avoue être un peu perdue avec toutes les informations et je commence à éprouver de l'écoanxiété car je me sens noyée sous les informations.
– En cas de problème, où partir ? Rester en France pour aller en campagne ou quitter le pays et où ?
– De quoi est composé votre sac de survie ?
– Pour fuir les grandes villes j'ai pensé le faire avec la voiture de nuit sans prendre d'autoroute, est-ce pertinent ?
– Pour l'argent, comment prévoyez-vous l'effondrement ? Est-il nécessaire d'investir dès maintenant dans un

lieu de repli, où mettre ses euros (avoir beaucoup d'espèces, acheter d'autres monnaies) ? »

Publication d'une membre du groupe Facebook « Collapsologie, les limites à la croissance », le 30 octobre 2022[13].

Cet extrait est intéressant, dans la mesure où la dimension psychoaffective y est significative. En effet, il s'agit ici de répondre à une angoisse (une véritable « écoanxiété » nommée comme telle par l'autrice de ces lignes) par des engagements très concrets (jusqu'à démarrer un sac de survie). La profusion de solutions imaginées est remarquable, et certaines peuvent paraître absurdes, par exemple le fait de fuir la ville la nuit sans prendre l'autoroute. Comme si les changements qui allaient impacter nos sociétés consistaient en un seul événement brutal qu'il suffirait de fuir, un peu comme les images des films catastrophes produits par Hollywood. Comme si les zones rurales allaient forcément constituer des paradis parfaitement étanches à l'ensemble des conséquences du changement climatique…

Exemple 2 : La peur comme ressource à exploiter
« De nombreuses personnes ont changé de vie pour réagir face à la peur. Étymologiquement, émotion, c'est "motion", le mouvement. Et d'un point de vue biologique, une émotion est un signal d'alarme du corps qui indique qu'il faut bouger. La peur

13. Voir facebook.com/groups/1670111840311O4/permalink/454406491958237.

nous fait fuir ou nous battre, la colère nous fait dire non. Les émotions doivent nous faire bouger, il y a un problème quand on ne bouge pas. »

Citation de Pablo Servigne, extraite d'un entretien pour l'éditeur Salamandre, publié le 12 octobre 2022[14].

Cet extrait traite des émotions qui accompagnent la prise de conscience des effets du réchauffement planétaire : c'est l'un des sujets fondamentaux de la pensée collapsologiste. Il constitue un marqueur capital des discours collapsologistes : prendre appui sur les émotions pour pouvoir ensuite énoncer un discours qui réconforte, tout en proposant des actions simples et présentées comme rassurantes (comme une forme d'antidote à un venin). Il est désormais admis, depuis les travaux du psychologue néerlandais Nico Frijda[15], que ce sont les émotions qui nous motivent à agir et à réfléchir, ou justement à ne pas le faire – en d'autres termes, il n'y a pas de raisonnement sans émotion préalable.

Les tenants de la collapsologie prennent appui, volontairement ou non, sur cette dimension émotionnelle pour capter un public plus vulnérable (du point de vue affectif) et plus à même de suivre leurs thèses. Au-delà de la simplification de processus biologiques et neurologiques complexes et des raccourcis étymologiques qui les accompagnent dans le

14. Voir salamandre.org/article/entretien-avec-pablo-servigne-effondrement-et-emotions.

15. Nico Frijda, « Passions : l'émotion comme motivation », *in* Jean-Marc Colletta et Anna Tcherkassof (éds.), *Les émotions. Cognition, langage et développement*, Mardaga, 2003, p. 15-32.

présent extrait (qui réduit l'émotion à un mouvement ou un signal d'alarme physique), la question des émotions constitue un ressort narratif précieux, puisque c'est à partir de la peur ressentie que la collapsologie se déploie et propose un récit alternatif.

> **Exemple 3 : Survivalisme ou écofascisme ?**
> « Va falloir que tout le monde s'équipe et s'informe niveau survivalisme. Comment filtrer ou assainir de l'eau, récupérateur de pluie… etc. La connaissance est la clé. Et puis on ira envoyer toutes ces bandes de trou du cul aller se faire foutre, pelle à la main ! »
>
> Tweet publié le 29 octobre 2022 par un compte proche du mouvement politique d'Éric Zemmour, Reconquête !

De nombreux internautes évoquent la nécessité d'un apprentissage de compétences propres au survivalisme et font des propositions concrètes pour survivre face aux crises écologiques. On constate néanmoins qu'un certain nombre de commentaires ou de posts sur les réseaux sociaux mettent en avant l'absence totale de solidarité et d'entraide – voire font appel à la violence face à celles et ceux qui n'épouseraient pas les mêmes thèses.

Il s'agit souvent d'organiser le repli sur soi dans une logique individualiste et identitaire. Ce type de discours exclut *de facto* la prise en compte des plus vulnérables, ce qui laisse planer de sérieux doutes quant à la capacité de l'humanité à faire corps dans l'épreuve, alors même que les populations les plus fragiles sont également les moins émettrices en gaz à effet de serre… On trouve encore des discours de haine, parfois injurieux, qui témoignent des mécanismes de discrimination propres à certaines communautés (certaines mais pas toutes, évidemment) effondristes et survivalistes, notamment lorsqu'elles font se rencontrer préoccupations écologiques et thèses d'extrême droite.

Exemple 4 : Entre survie et résignation

« Les alarmistes lancent des appels dans les journaux. Juliette Binoche et Aurélien Barrau disent au gouvernement, à l'Europe, à l'ONU : faites quelque chose, vous, les puissants ! Un peu comme Brigitte Bardot avec les bébés phoques, il y a quarante ans. Leur constat est presque le même que le mien, mais ils font confiance aux pouvoirs publics pour tout changer. Moi, je n'y crois plus. Pour les effondristes comme moi, il n'y a pas de bonne solution. Il est hélas trop tard pour la transition écologique et la croissance verte. On peut quand même minimiser le nombre de morts. Au lieu d'en avoir 4 milliards dans les trente ans, on en aura peut-être 3,5 milliards, en faisant des bio-régions résilientes. »

Propos d'Yves Cochet recueillis par Benjamin Jérôme, pour une interview publiée dans le journal *Le Parisien*, le 7 juin 2019[16].

16. Voir leparisien.fr/environnement/yves-cochet-l-humanite-pourrait-avoir-disparu-en-2050-07-06-2019-8088261.php.

Ces propos de l'ex-député européen écologiste font écho à un effondrisme qui explicite une version plus détaillée de la collapsologie, pour l'inscrire contre les possibles espoirs promis par la transition écologique ou la croissance verte. Ces imaginaires sont soutenus par les thèses techno-solutionnistes (voir p. 125), notamment lorsqu'elles sont déconnectées des notions pourtant cruciales de sobriété et de décarbonation des économies et des pratiques sociales.

Au cœur de la vision ténébreuse décrite par Yves Cochet, nous nous retrouvons loin des formes les plus romantiques de la collapsologie, qui définissent parfois l'effondrement comme une chance. Cet extrait verbalise sans ambiguïté l'absence de confiance dans les pouvoirs publics, dans les gouvernements et leur volonté politique, pour infléchir la tendance du réchauffement climatique. C'est cette absence de confiance qui fait de l'effondrisme une fuite en avant dépolitisante ; elle ne pense plus l'humanité comme un réseau de solidarités à entretenir et à mobiliser, mais comme une espèce en voie de disparition qu'il ne sert plus à rien de sauver – n'en resteront que des communautés locales qui réinventeront d'autres modes d'organisation.

Dans cette configuration, la mort de milliards d'êtres humains est vécue comme une fatalité, une simple probabilité statistique à laquelle se résoudre. Une telle vision n'aide en aucun cas à la construction de politiques climatiques, certes complexes à mettre en œuvre, mais qui constituent les seuls espoirs qu'il serait criminel de ne pas tenter de faire advenir.

EXPÉRIENCE 9

Autour de vous, plusieurs personnes s'informent peut-être sur des compétences fondamentales à acquérir, dans un but d'autosuffisance ; depuis la crise liée au Covid-19, ce type d'intérêt est en nette augmentation. Dans ce contexte, il est bon de se poser certaines questions :

– Quelles sont les compétences élémentaires à partager de manière locale (mettre en place des coopératives pour mettre en commun la distribution de la production alimentaire locale, par exemple, ou encore construire des écovillages où sont mises en commun des compétences artisanales élémentaires[17]) ?

– Comment la mise en commun de compétences et de savoirs peut-elle stimuler de nouvelles formes démocratiques, promptes à reconstruire une politique locale[18] ?

– Comment inclure concrètement les populations les plus fragiles dans ces communautés de pratiques nouvellement créées (à la fois du point de vue de la prise de décision, mais aussi du partage de compétences et de l'entraide pratique au quotidien) ?

Toutes ces questions peuvent stimuler des discussions, et il est intéressant pour ce faire de consulter l'étude du Crédoc sur l'écologie locale vue par les Français[19], les statistiques gouvernementales liées au développement durable[20] ou les initiatives de l'association Agir pour l'environnement[21].

---

17. Voir, par exemple, l'annuaire des écovillages proposé par Toits alternatifs : toitsalternatifs.fr/ils-ont-saute-le-pas/vie-alternative-annuaire-ecolieux-ecovillages-ecohameaux-france.

18. Albin Wagener, *Écoarchie. Manifeste pour la fin des démocraties capitalistes néolibérales*, Éditions du Croquant, 2021.

19. Voir vie-publique.fr/en-bref/287340-la-transition-ecologique-locale-vue-par-les-francais.

20. Voir statistiques.developpement-durable.gouv.fr.

21. Voir agirpourlenvironnement.org.

À RETENIR DE CE CHAPITRE

- Les discours collapsologistes ou effondristes proposent une fuite ou un isolement face aux conséquences du réchauffement climatique, sans tenter d'en traiter ni les effets, ni les causes, et ce malgré un constat juste informé par les travaux scientifiques.

- Ce type de discours a tendance à ignorer les réflexions politiques plus larges concernant la nécessité d'une solidarité internationale, ou encore la protection des personnes les plus fragiles.

- Les discours collapsologistes ou effondristes exploitent des émotions telles que la peur, afin d'offrir une image romancée du monde d'après et d'un retour à une vie simple, coupées des effets du changement climatique, alors même que ces derniers impacteront tous les territoires et tous les individus.

- Certains discours collapsologistes, notamment dans le cadre survivaliste, adoptent une tonalité dite « écofasciste », proche de l'extrême droite, qui valorise le chacun pour soi et définit le terroir et les écosystèmes locaux comme un territoire identitaire à défendre.

RÉCITS CRÉATIFS : DONNER CORPS À L'URGENCE CLIMATIQUE

MILITANTISMES LANGAGIERS : QUAND L'ACTIVISME FAIT BOUGER LES LIGNES

Si les conclusions des rapports du GIEC ont réussi à percer l'espace médiatique et à s'installer comme des discours de références à même d'éclairer les phénomènes climatiques, ces rapports ont également motivé, depuis le début des années 2000, nombre d'actions militantes et de manifestations. En témoignent, par exemple, les marches pour le climat qui ont eu lieu en France pendant la première moitié de l'année 2021. Ces marches visaient à critiquer le manque d'action climatique d'Emmanuel Macron – un manque d'action matérialisé par le rejet d'une part non négligeable de propositions de la Convention citoyenne pour le climat, alors même que le président de la République s'était publiquement engagé à les appliquer « sans filtre », selon ses propres mots. Depuis, beaucoup de décisions gouvernementales, en France et ailleurs, sont condamnées par un militantisme rajeuni et inventif, rendu emblématique par des figures comme la militante suédoise Greta Thunberg.

Tour d'horizon de l'engagement pour le climat

Quelles que soient les luttes sociales ou économiques, la société civile s'est toujours organisée pour produire des discours et alimenter les débats publics. Pour ce qui est du réchauffement climatique, plusieurs associations et mouvements se sont fait connaître ces dernières années en organisant des protestations visant à sensibiliser le grand public : blocage pacifique de rues, extinction des lumières des magasins ou *happenings* dans des musées font, entre autres, partie des répertoires d'actions mobilisés.

Qu'il s'agisse d'Extinction Rebellion, d'Alternatiba ou des Amis de la Terre, sans parler des combats juridiques menés par des collectifs comme l'Affaire du siècle ou Notre affaire à tous, beaucoup de jeunes organisations ont réussi à se fédérer pour agir collectivement, tout en rejoignant d'autres acteurs plus historiques, comme Greenpeace.

Par ailleurs, ces actions ont aussi permis de faire connaître et faire avancer d'autres combats qui se retrouvent naturellement corrélés à la sensibilisation générale sur le réchauffement climatique. C'est le cas, notamment, des droits des animaux portés par L214 et ses vidéos coups de poing, qui visent à faire prendre conscience de la réalité de la condition animale dans nos sociétés – plus particulièrement sous l'égide du système productiviste et extractiviste qui permet au réchauffement climatique de prospérer.

La nouvelle génération de l'activisme climatique

L'une des forces récentes de l'activisme climatique est d'être parvenu, au cours des dernières années, à sensibiliser les consciences dans l'espace public. On y retrouve notamment un sens aigu de la formule et du slogan (comme nous allons le voir dans les exemples), qui constitue un outil fondamental pour imprimer un discours dans la sphère publique et médiatique, ainsi que le souligne la sociologue française Cécile Van de Velde[1], spécialiste de ces questions. Ces manières de faire passer des messages sont également dues à l'arrivée de nouveaux acteurs au sein des mouvements militants, en particulier de jeunes activistes. Ces derniers

1. Cécile Van de Velde, « Les mots de la colère. Enquête sur une décennie de slogans protestataires », *Sociologie*, 2020, 11 (3), p. 291-303.

ont, par exemple, introduit des ruptures avec l'altermondialisme[2], afin de dépolitiser temporairement certaines questions liées au climat et les rendre ainsi plus audibles dans la sphère publique. Ils ont ensuite participé à une nouvelle forme de repolitisation, comme en attestent deux sociologues[3] ayant étudié la manière dont l'un de ces nouveaux acteurs, Alternatiba, a contribué à nourrir le « mouvement climat »[4] d'une façon différente en concentrant temporairement ses activités sur la proposition de solutions concrètes et locales, pour recruter de nouveaux types de militants bénévoles. Alternatiba s'est ensuite servi de ce renouveau pour proposer une nouvelle mobilisation politique.

Pour la linguiste polonaise Elzbieta Pachocinska[5], qui a travaillé sur les slogans utilisés en France lors des marches pour le climat, ces formes langagières permettent de cimenter les communautés en construisant une mémoire militante et en constituant un corpus social partagé, de connecter les messages militants avec d'autres récits en circulation, et de

---

2. L'altermondialisme représente un ensemble de mouvements hétéroclites qui ont pour objectif de remettre en question la mondialisation capitaliste, pour proposer une organisation mondiale alternative.

3. Nicolas Brusadelli et Yannick Martell, « Réformer le militantisme, relancer le mouvement climat. Sur la genèse d'Alternatiba », *Actes de la recherche en sciences sociales*, 2022, 242 (2), p. 4-21.

4. Le « mouvement climat » est la nouvelle génération d'activistes écologistes, ainsi dénommée par les activistes eux-mêmes, en reprenant l'analogie du « mouvement » social, et relayée par les médias.

5. Elzbieta Pachocinska, « Les slogans des jeunes dans les marches pour le climat en France (2018-2019) et la construction de l'identité collective », *Academic journal of modern philology*, 2020, 9, p. 143-153.

s'installer dans le débat public de manière durable grâce aux dispositifs offerts par les réseaux sociaux.

Dans un numéro spécial de la revue scientifique *Mots. Les langages du politique*[6], une linguiste et une juriste ont analysé le déploiement des discours ayant permis à l'écologie de prendre une nouvelle place dans l'espace public. On y retrouve :

– l'évolution des thématiques environnementales dans la sphère publique (et notamment leur prise en considération médiatique et politique dans le courant des années 2000, y compris les choix stratégiques des partis verts) ;

– l'avenir de nos sociétés face au bouleversement climatique, les questions de dénomination liée aux choix énergétiques (par exemple les choix lexicaux liés à l'exploitation du gaz, comme « gaz de schiste », ou encore le « gaz de charbon » devenu « gaz de houille » en 2011) ;

– la position des manifestations militantes (comme l'effusion de nouveaux slogans liés à la crise climatique, mais également le renouveau récent de ces manifestations pour alimenter les débats politiques) ;

– le recours à une forme de romantisme dans certaines façons de parler du climat.

De fait, si le militantisme a réussi à imposer de nouveaux discours pour évoquer le climat, c'est aussi pour sensibiliser différemment les acteurs privés et publics, afin de les faire réagir, et pour stimuler les politiques gouvernementales,

6. Valérie Bonnet et Albane Geslin (éds), « Les mots de l'écologie », *Mots. Les langages du politique*, 2019, 119 (1).

pour avoir un impact sur les lois déposées et votées par les députés. Le choix de certains mots et slogans n'a donc pas simplement pour but de faire un coup d'éclat médiatique : s'il s'agit de faire parler d'une action ou d'une manifestation, c'est d'abord pour faire avancer la cause climatique.

Des stratégies discursives complémentaires

Mais ce n'est pas tout : si les nouvelles figures du mouvement climat ont réussi à émerger à travers plusieurs actions, c'est aussi grâce à une maîtrise stratégique des réseaux sociaux et de tous les types de supports (image, texte, vidéo, etc.) qui permettent de construire des récits propices à circuler et à devenir viraux. Parmi ces figures, on retrouve Thomas Wagner (auteur du média indépendant *Bon Pote*), particulièrement actif sur LinkedIn pour sensibiliser un public plutôt professionnel (voire un public de cadres et de décideurs), ou encore Alma Dufour, députée La France insoumise de la Seine-Maritime, ancienne porte-parole des Amis de la Terre. D'autres encore, comme Loup Espargilière, fondateur, avec Juliette Quef, du média *Vert*, ou bien Salomé Saqué et Paloma Moritz, toutes deux journalistes chez *Blast* (un site de presse en ligne), ont réussi à imposer les thématiques climatiques en informant sans relâche les internautes.

Ces figures font partie d'une génération qui, au-delà d'un engagement associatif, est parvenue à intégrer d'autres manières de sensibiliser aux questions climatiques, grâce à leur métier de journaliste.

Les stratégies de ces acteurs diffèrent. Ainsi, le média *Bon Pote* fait circuler des connaissances vulgarisées accessibles à tous, mais interagit aussi de manière critique et informée sur les réseaux sociaux – notamment en commentant, particulièrement sur LinkedIn, des publications qui remettent en question le changement climatique ou minorent les faits qui y sont liés. Cette ligne éditoriale, pilotée par Thomas Wagner, propose ainsi une stratégie qui alterne critique active et information adaptée. Cette alternance est également soutenue par un média comme *Blast*, en particulier grâce au format vidéo rythmé dans lequel excellent Paloma Moritz et Salomé Saqué, qui fait intervenir des invités spécialistes du climat dont l'expertise vient nourrir ensuite des prises de parole documentées et solides de la part des deux journalistes. Dans un autre registre, *Vert* est d'abord passé par le format de la newsletter, avant de devenir un média en ligne à part entière, qui propose de traiter l'actualité sous le prisme de la crise climatique, quels que soient les sujets – une ligne éditoriale particulièrement novatrice et distincte des médias généralistes (voir le chapitre « Informer et sensibiliser à l'heure de #Dontlookup : le rôle central des médias », p. 69).

Le sens de la *punchline* écologique

Par-delà ces visages connus et singuliers, l'activisme climatique est parvenu à s'incarner à travers des discours à la fois simples mais redoutablement efficaces, qui soulignent les injustices et les absurdités, ou résument des questions complexes grâce à des choix sémantiques percutants. En imposant, par exemple, la thématique de la fracture générationnelle, la fameuse « génération climat » parvient à mettre en lumière le rôle global d'une génération d'individus (les fameux *boomers*, souvent caricaturés) face à une génération émergente. Par ailleurs, les mouvements pour le climat mettent également à l'index les géants de l'industrie pétrochimique (entre autres) ou encore les banques qui financent les projets climaticides, tout en proposant une opposition claire à des décisions gouvernementales vécues et perçues comme très en dessous des défis soulignés par les travaux du GIEC.

Ces armes discursives sont puissantes, car elles mettent en récit la crise climatique, au-delà des données scientifiques ou de l'écoanxiété, en lui offrant un débouché : une colère constructive, et un désir de survie au sein d'une planète au climat instable. En proposant des trames narratives où l'on retrouve la figure d'héroïnes et de héros qui doivent surmonter des épreuves afin de parvenir à une forme de rédemption, tout en accomplissant un acte hors du commun (sauver la planète et la pérennité du vivant, rien de moins), ces nouvelles formes d'activisme produisent une irruption salutaire dans le débat public – une irruption souvent liée à d'autres causes, comme celles du féminisme et de la justice sociale.

Imposer des discours dans l'espace public

Pour que ces discours deviennent audibles dans l'espace public et médiatique, il est nécessaire d'en proposer des mises en scène radicales. Elles peuvent prendre plusieurs formes. Le 14 octobre 2022, par exemple, deux militantes de Just Stop Oil ont décidé d'asperger de soupe à la tomate le célèbre tableau *Les Tournesols* de Vincent Van Gogh, exposé à la National Gallery de Londres et protégé par une vitre en verre. Cet épisode a provoqué d'intenses débats un peu partout, alors même que les actions dans les musées font partie du canon d'actions militantes – notamment en Grande-Bretagne, où certains géants pétroliers financent l'art et les musées de manière assez régulière. En France, plusieurs figures politiques et médiatiques, y compris un scientifique du GIEC comme François Gemenne, ont vertement critiqué cette action, en arguant que la radicalité nuit à la cause climatique (un argument que l'on entend également souvent pour d'autres causes, telles les luttes féministes).

Si cette affirmation est souvent utilisée par les opposants à des *happenings* activistes visibles, capables de susciter l'engouement médiatique, elle est néanmoins fausse. Plusieurs travaux ont montré qu'au contraire, les coups d'éclat radicaux accroissent la sensibilisation à des causes, en rendant la population non pas radicale, mais partisane d'actions plus médianes. En effet, c'est la radicalité qui permet, en retour, des actions politiques et citoyennes certes plus pondérées, mais concrètes et efficaces. C'est notamment ce que montrent des travaux en sociologie[7], qui ont documenté la manière dont les actions radicales aident les discours modérés à être entendus dans l'espace public, pour nourrir de réelles actions politiques. En résumé : sans épisodes radicaux, les causes concernées ne peuvent pas avancer, et l'inaction climatique risque de perdurer.

Plus largement, le spécialiste néerlandais de la communication politique Ruud Wouters[8] explique que les protestations, les actions et les manifestations publiques constituent en réalité une manière efficace de sensibiliser le grand public – et de gagner son soutien. Ces études attestent ainsi que les actions individuelles et la confidentialité de l'engagement ne suffisent pas, malheureusement ; la visibilité médiatique, quitte à ce qu'elle soit tapageuse, est nécessaire afin de rendre des causes légitimes, dignes d'intérêt et collectivement engageantes. C'est précisément ce à quoi concourt l'activisme climatique : il permet de faire éclore, parfois par des actions plus radicales, le sujet du climat dans l'espace public. Si l'on en croit les études scientifiques sur ce sujet,

---

7. Brent Simpson, Robb Willer et Matthew Feinberg, *« Radical flanks of social movements can increase support for moderate factions »*, *PNAS Nexus*, 2022, 1 (3), p. 1-11.

8. Ruud Wouters, *« The persuasive power of protest. How protest wins public support »*, *Social forces*, 2019, 98 (1), p. 403-426.

le militantisme climatique peut constituer le bras armé des travaux scientifiques, et il est nécessaire pour faire évoluer les consciences sur le réchauffement climatique.

Cela n'est d'ailleurs probablement pas un hasard si plusieurs scientifiques finissent eux-mêmes par porter un message de radicalité, constatant, hélas, que les études, les publications, les rapports et les chiffres communiqués depuis plusieurs décennies ne suffisent pas à faire progresser les décisions politiques. La médecin britannique Deepa Shah[9] témoigne, par exemple, du fait que la radicalité d'une organisation comme Extinction Rebellion est en fait quelque chose de réfléchi et de motivé par le fait que la recherche soit si peu audible que des scientifiques se sentent obligés d'utiliser d'autres modes d'action pour se faire entendre dans l'espace public. En outre, des chercheurs en communication[10] ont analysé comment l'activisme climatique a fini par pousser un certain nombre d'acteurs (collectivités et entreprises) à changer leurs pratiques pour les rendre plus écologiques – et à communiquer en même temps sur ces évolutions positives afin de changer leur image. Cela est particulièrement flagrant pour les banques qui communiquent sur leurs investissements verts afin de convaincre une clientèle plus sensible aux choix éthiques.

---

9. Deepa Shah, *« Extinction Rebellion: Radical or rational ? »*, *British journal of general practice*, 2019, 69 (684), p. 345.

10. James D. Patterson II et Myria Watkins Allen, *« Accounting for your actions: How stakeholders respond to the strategic communication of environmental activist organizations »*, *Journal of applied communication research*, 1997, 25 (4), p. 293-316.

C'est donc l'ensemble de la société qui finit par évoluer grâce aux coups de boutoir orchestrés par des associations militantes qui ont compris une chose : les études scientifiques sont incontournables, mais elles ne suffisent pas, et il est nécessaire d'aller chercher le public pour le toucher, afin que ce dernier finisse par faire pression lui-même sur les acteurs publics et privés – grâce au vote, aux modes de consommation, au dialogue sur ces sujets initiés par les salariés au sein de leurs entreprises…

Militantismes langagiers : conquérir la visibilité par les mots

La force des slogans militants est qu'ils permettent de trouver les failles dans l'espace public et médiatique, afin d'y faire vivre des messages de manière durable, et de les inscrire comme des éléments d'un corpus qui finit par devenir connu de toutes et tous. Ils jouent à la fois sur des codes langagiers générationnels, mais également sur des images qui permettent de parler à d'autres types de public. Ainsi, petit à petit, des activistes finissent par être invités à la radio ou à la télévision pour témoigner de leur expérience et exprimer leurs revendications. Les scientifiques eux-mêmes s'inspirent de ces méthodes pour s'engager au-delà de leurs travaux, comme le collectif Scientist Rebellion[11], lié à Extinction Rebellion ; ce collectif rassemble uniquement

11. En France, le mouvement s'incarne de manière spécifique grâce au collectif Scientifiques en rébellion (rebellionscientifiques.wordpress.com).

des chercheuses et des chercheurs qui, ayant l'impression que leurs travaux ne sont pas suffisamment pris en considération, prennent le chemin de l'activisme.

Pour les exemples produits ci-après, de façon exceptionnelle par rapport aux autres exemples proposés dans cet ouvrage, je m'appuie sur les travaux de la linguiste polonaise Elzbieta Pachocinska, qui a fait une remarquable analyse de slogans des manifestations pour le climat, parue en 2020 dans le journal scientifique *Academic journal of modern philology*[12]. Il s'agit donc de saluer cette étude passionnante en la mettant en lumière. D'autres slogans peuvent être retrouvés sur des articles du média *We Demain*[13] ou encore du magazine en ligne *So Refreshed*[14].

Exemple 1 : « Il n'y a pas de planète B ! »

Ce slogan, inspiré de la version anglaise *« There is no planet B »* mainte fois entendue ou vue, constitue l'une des formes fondamentales d'appel à l'action politique ; la paternité de ce slogan est souvent attribuée au spécialiste de l'empreinte carbone Mike Berners-Lee[15], mais il a également été popularisé par les discours de Greta Thunberg.

---

12. Elzbieta Pachocinska, « Les slogans des jeunes dans les marches pour le climat en France (2018-2019) et la construction de l'identité collective », *Academic journal of modern philology*, *op. cit.*

13. wedemain.fr/respirer/les-20-slogans-les-plus-originaux-de-la-marche-pour-le-climat.

14. blog.recommerce.com/green-lifestyle/actu-ecologie/pancarte-manifestation-climat.

15. Mike Berners-Lee, *There is no planet B. A handbook for the make or break years*, Cambridge University Press, 2019.

En effet, ce slogan résonne à la fois comme une exposition des limites et de la finitude de notre planète par rapport à la logique extractiviste de l'économie, mais également comme un constat face à l'inaction climatique – ou, à tout le moins, face à l'absence de mesures ambitieuses pour le climat et nos sociétés.

Le concept de planète B est une alerte concernant la planète A, celle sur laquelle nous vivons, qui permet de focaliser l'attention sur cette dernière comme priorité absolue. En outre, la désignation de la planète comme un tout inclut l'ensemble du vivant – les sociétés humaines comme la biodiversité dans son ensemble, en tant que systèmes interdépendants. Elle sonne comme une alerte qui rappelle que les limites seront bientôt atteintes et que les points de bascule climatiques sautent les uns après les autres[16].

Par ailleurs, l'image forte qui permet d'opposer une planète A bien réelle et particulièrement agressée à une planète B inexistante repose également sur l'analogie du « plan B », utilisé en général quand le plan A n'a pas fonctionné. Ici, le fait de parler de l'absence de planète B souligne l'absence de plan B – et signifie donc que si nous ne réussissons pas à échafauder rapidement un plan A pour le climat, c'est l'ensemble du vivant qui en paiera le prix. Un état de fait qui, pour reprendre d'autres slogans activistes,

---

16. David Armstrong McKay, Arie Staal, Jesse F. Abrams, Ricarda Winkelmann, Boris Sakschewski, Sina Loriani, Ingo Fetzer, Sarah E. Cornell, Johan Rockström et Timothy M. Lenton, *« Exceeding 1.5°C global warming could trigger multiple climate tipping points »*, *Science*, 2022, 377 (6611).

invite les militantes et les militants à poser également cette question : « Ta planète, tu la veux bleue ou bien cuite ? »

Exemple 2 : Jeux de mots, jeux écolos
« Quand c'est fondu, c'est foutu ! »
« Pas de nature, pas de futur ! »
« Le plastique, c'est pas fantastique ! »
« Plus de planète, plus de galettes ! »
« Pas de climat, pas de chocolat ! »
« Moins de riches, plus de ruches ! »
« Moins de banquiers, plus de banquise ! »

Ces formes stylistiques sont intéressantes, dans la mesure où elles jouent à la fois sur les sons et sur les mots, s'appuyant sur une dimension volontairement humoristique, pour tenter de sensibiliser différemment à la question climatique. On y retrouve une présence constante de ce que l'on appelle l'« homéotéleute », soit le fait de répéter les mêmes sons à la fin de mots différents – en d'autres termes, le fait de faire rimer. Par ailleurs, ces homéotéleutes sont soutenues par la répétition des mêmes termes en début de phrase (« pas de », « plus de ») ou par la mise en relation d'expressions en opposition (« moins de », « plus de »). Ces jeux donnent de la musicalité à l'expression linguistique et permettent une créativité lexicale, ce qui confère au slogan une dimension ludique qui stimule les émotions positives – alors même que la nature du sujet suscite plutôt des émotions négatives…

En outre, ce type de slogan permet d'aborder une grande diversité de thématiques climatiques et environnementales, en donnant libre cours à l'imagination des activistes et en utilisant systématiquement le même type de modèle stylistique : une esthétique du « *template* » également utilisée pour la production de mème, ces petits objets visuels humoristiques présents sur les réseaux sociaux et les messageries – mais qui peuvent être aussi matérialisés lors de manifestations, y compris pour le climat.

Exemple 3 : Activisme climatique et culture pop
« Winter is not coming »
« Oh Djadja, sauve la planète Djadja »
« Au fond, je crois que la terre est en PLS »
« Les bronzés ne feront plus de ski »

La force de certains de ces slogans est de faire appel à des références issues de la culture populaire (souvent abrégée en « *pop culture* »). Le fait de puiser dans un creuset lié au secteur du divertissement ou à la création artistique est particulièrement efficace ; ici, on retrouve une ligne de dialogue de la célèbre série *Game of Thrones*, des paroles de chansons d'Aya Nakamura et d'Orelsan, ou encore la citation détournée de la comédie populaire *Les bronzés font du ski*.

La pop culture est également présente dans l'univers des mèmes, ainsi que je l'ai déjà analysé en détail dans *Mèmologie*[17] qui revient, entre autres, sur la force de cette

17. Albin Wagener, *Mèmologie. Théorie postdigitale des mèmes*, Éditions de l'Université Grenoble Alpes, 2022.

culture pop dans la diffusion des messages sur les réseaux sociaux. Ces réseaux sociaux sont utilisés efficacement par la « génération climat », qui relaye abondamment les pancartes de manifestations, par exemple, sur des médias sociaux comme Instagram. Cette instagrammabilité de la pancarte – et la compréhension des références du slogan par un public large – est capitale : elle montre qu'en s'appuyant sur des éléments culturels connus du grand public, et qui bénéficient d'une circulation massive, il est possible de les utiliser comme des chevaux de Troie pour faire passer des messages en lien avec l'urgence climatique.

En d'autres termes, prendre appui sur certains items culturels issus du divertissement ou du pop art est particulièrement pertinent pour donner une coloration plus « grand public » à des messages à forte teneur politique. Encore une fois, il s'agit de sensibiliser et de mobiliser les publics : une stratégie narrative utilisée de manière très impactante par les activistes climatiques.

Exemple 4 : Une histoire de luttes

« L'écologie sans lutte des classes, c'est du jardinage »
« On est plus chauds que le climat »
« Prenez vos responsabilités, pas notre avenir »
« Pour de l'argent, ils tueraient terre et mer »
« La planète c'est comme les femmes : ça se respecte »

Bien sûr, et de manière assez logique, l'activisme climatique traduit un positionnement politique qui se retrouve en lien avec d'autres combats sociaux et d'autres formes de luttes. Dans les slogans cités ici, on retrouve par exemple la référence au capitalisme extractiviste (avec la thématique de l'argent, et donc du financement d'activités économiques climaticides), la nécessité de coupler urgence climatique et justice sociale (avec la célèbre phrase du syndicaliste brésilien Chico Mendes, « L'écologie sans lutte des classes, c'est du jardinage », qui met en lumière la nécessité d'intégrer la lutte des classes à l'écologie), et la présence du féminisme, notamment à travers le courant écoféministe.

Les multiples formes du militantisme langagier ne proposent pas simplement d'humoristiques et amusantes références à la culture pop : il s'agit bien de montrer que la mobilisation existe, qu'elle est collective et qu'elle tient à jouer un rôle dans les décisions politiques. Ainsi, plusieurs slogans expriment de la colère, une motivation forte et de la détermination dans l'engagement. Cela permet d'inscrire durablement ces actions dans l'espace public et médiatique, et d'assurer la pérennité de l'activisme climatique. C'est, en outre, la constance de cette énergie qui permet aux figures du mouvement climat d'émerger, d'être visibles et de devenir des acteurs incontournables.

EXPÉRIENCE 10

La force de certains slogans climatiques est de sensibiliser en prenant appui sur des références de la culture pop et sur la dimension créative et ludique des figures stylistiques. De nombreuses photos existent[18] : montrez-les à vos proches et recueillez leur témoignage pour savoir ce qu'ils en pensent, comment ils les reçoivent et ce qu'ils ressentent. Pour aller plus loin, imaginez des ateliers de création de slogans liés à l'urgence climatique : entraînez-vous à mobiliser des références à la culture populaire au sein de jeux de mots, ou créez des visuels qui reprennent des éléments de la culture numérique, comme les mèmes. Vous pouvez aussi les matérialiser sous forme de collages pour les rendre plus concrets.

18. Voir, notamment, « Même pas mal », le blog d'Anne-Sophie Novel pour le journal *Le Monde*, avec cet article : lemonde.fr/blog/alternatives/2019/09/18/faites-le-plein-de-slogans-et-daffiches-pour-la-mobilisation-climat.

À RETENIR DE CE CHAPITRE

- L'activisme climatique utilise le langage comme outil militant, en créant des slogans qui permettent d'inscrire la thématique climatique dans le débat public, en s'appuyant sur la dimension ludique et divertissante de références appartenant à la culture pop.

- Les discours autour du militantisme langagier ne passent pas uniquement par des slogans, mais aussi par des actes militants qui participent à la construction de récits.

- Ces possibilités discursives activistes inspirent également des scientifiques, qui finissent par s'investir dans le militantisme pour alerter sur la cause climatique (ce qui montre, en creux, que la simple communication de données scientifiques est nécessaire mais, hélas, insuffisante pour sensibiliser face à l'urgence climatique).

- La radicalité des actions militantes est bénéfique, dans la mesure où elle permet en retour d'imprimer les thématiques climatiques et de stimuler les discours, même modérés, nécessaires à l'action climatique.

CONSTRUIRE DE NOUVEAUX RÉCITS

Au cours des précédents chapitres, il a été question de récits en circulation et d'analyse de discours : le but était de décrypter le fonctionnement de ces récits, leurs enjeux et les parties prenantes qui en faisaient usage. Ce chapitre, en forme d'ouverture, est différent : il est pensé non pas pour analyser la parole existante, mais pour ouvrir des perspectives quant à la construction possible de nouveaux récits. En effet, si l'analyse critique est importante, elle reste incomplète si l'on ne se penche pas sérieusement sur la manière d'écrire l'avenir, de lui donner du sens et d'emmener un maximum de personnes vers la nécessaire transformation de nos sociétés.

Outre des actions ambitieuses, l'urgence climatique mérite également un récit englobant et inclusif, capable d'embrasser tous les enjeux inhérents à un changement de société d'envergure.

Conjuguer la diversité des récits

La pluralité des discours analysés jusqu'ici est importante : elle montre qu'il existe une grande variété d'instances énonciatives (qui parle ?), d'intérêts (au nom de quoi ?), d'intentions (pour atteindre quel objectif ?) et de représentations (pour transmettre quel message ?). Si l'analyse de discours permet de mettre en lumière cette stimulante et vertigineuse pluralité, elle souligne aussi la grande variété de sujets abordés lorsque l'on parle d'urgence climatique.

Les impacts touchent en effet toutes les sphères de la vie humaine : économie, société, culture, éducation, agriculture, énergie, finance, médias, numérique…

En raison de cette diversité, il est justement important d'envisager la construction narrative de récits englobants, interconnectés et en phase avec l'horizon complexe qui nous attend.

L'intérêt d'additionner les approches est, de fait, d'encourager une vision complexe du monde et des interactions entre les éléments qui le constituent. Pour pouvoir inventer de nouveaux modèles afin de les comprendre, inventer de nouveaux récits en charge de témoigner de la réalité inquiétante des bouleversements à venir et dessiner des pistes désirables pour y faire face.

Créer le récit d'un monde en crise

L'objectif est de construire un récit pluriel et unifiant, qui permette à la fois de représenter la diversité des expériences vécues en lien avec le réchauffement climatique, et de produire suffisamment de sens pour relier entre elles ces expériences.

Emploi, idéologies économiques dominantes, droits des femmes, racisme structurel, crise de la représentativité politique, héritages coloniaux, relation au vivant et reliquats identitaires sont autant de sujets qu'il faut impérativement inclure dans un récit digne de ce nom. Évoquer tous ces champs peut paraître surprenant. Pourtant, le changement climatique interroge à la fois notre modèle économique de référence, la place des femmes face aux contraintes qui vont peser sur des sociétés en crise, la situation des individus les plus vulnérables (notamment dans les situations de migration forcée qui ont déjà lieu), l'héritage historique des modèles politiques (notamment occidentaux) qui ont permis cet emballement climatique, et le risque de fermeture des pays, face à l'incertitude. Pour ce faire et n'oublier aucune dimension, on peut prendre appui sur deux disciplines intéressantes : les humanités environnementales et le design.

Les humanités environnementales constituent un champ pluriel capable d'embrasser la densité et la complexité de la thématique environnementale (à l'instar des humanités numériques[1], dans un autre domaine). Elles combinent l'approche interdisciplinaire des humanités (liant ainsi sciences humaines et sociales, arts, culture, langues et littérature – dans une perspective humaniste assumée) et l'application au domaine de l'environnement (en y incluant le rapport à la nature, la biodiversité et l'écologie). Concrètement, cela veut dire que sont mis en commun les savoirs et les méthodes de ces disciplines, pour ne rien laisser de côté lorsqu'il est question du climat ou de l'écologie. Ainsi, on se donne par exemple les moyens d'étudier l'impact de la viande sur les émissions de CO_2, en explorant également les pratiques de consommation de viande du point de vue culinaire, sociologique, culturel ou encore anthropologique.

De son côté, le design se définit à la fois comme une pratique (pour créer des objets ou des bâtiments), mais aussi comme une pensée (qui permet de conceptualiser la création en lien avec les besoins des destinataires des créations, avant la mise en œuvre concrète). Plus tôt, notamment dans la seconde moitié du XXe siècle, le design a été popularisé par son aspect créatif et marchand (en faisant entrer la dimension esthétique des objets du quotidien dans notre espace domestique). Désormais, il s'inscrit dans une variété de réflexions disciplinaires, à la fois politiques, économiques, sociales, artistiques et culturelles.

1. Les humanités numériques constituent un champ d'études qui mêle à la fois les innovations numériques (informatique, Internet, intelligence artificielle...) et la manière dont les sciences humaines peuvent les interroger (du point de vue sociologique, anthropologique ou encore philosophique).

Les humanités environnementales pour questionner notre rapport à l'environnement et à l'écologie

Comment définir cette nouvelle « interdiscipline » que sont les humanités environnementales, qui prônent un dialogue continu et délibérément complexe entre plusieurs champs d'études ? Comment cette interdiscipline prétend-elle essayer de mettre un terme à la bataille des discours autour de l'urgence climatique ?

L'ambiguïté de notre rapport à la nature

Pour répondre à ces questions, il faut remonter au principe des humanités environnementales, qui se fondent sur une exigence primordiale : celle de repenser la place de l'espèce humaine dans ce que l'on appelle injustement son « environnement ». En effet, l'espèce humaine n'est pas séparée de son environnement : elle en fait totalement partie, au même titre que tout le reste du vivant (ou du minéral d'ailleurs), et ne doit jamais être considérée comme lui étant extérieure.

Selon le sociologue Bruno Latour[2] et l'anthropologue Philippe Descola[3], l'un des problèmes majeurs du monde

2. Bruno Latour, *Face à Gaïa : huit conférences sur le nouveau régime climatique*, La Découverte, 2015.

3. Philippe Descola, *Par-delà nature et culture*, Gallimard, 2005.

contemporain est en effet la manière dont l'être humain a construit son rapport à la nature – comme si nous étions extérieurs à un environnement qui conditionnerait notre vie et l'évolution de nos sociétés, alors que nous en faisons partie. Or, cette conception nourrit notre rapport utilitaire aux ressources naturelles et à la biodiversité : le renversement de cette conception est précisément le grand chantier auquel nous devons nous atteler. Changer notre vision du monde, c'est changer notre pratique, à commencer par la manière dont nous nous comportons avec les animaux, dont nous disposons comme d'une ressource utile, et que nous piégeons dans l'horreur de l'agriculture intensive.

C'est là tout l'enjeu des humanités environnementales : sortir de cette conception binaire qui sépare l'espèce humaine de l'environnement. Mais, pour cela, il faut justement une approche interdisciplinaire, car une telle conception binaire irrigue toutes les disciplines et mérite que plusieurs champs d'études s'y attellent, pour méthodiquement déconstruire ce que nous tenons pour acquis. Cela concerne aussi bien la manière dont nous exploitons les ressources naturelles (et donc l'économie, l'industrie et l'emploi) que notre vision des autres espèces vivantes (ce qui demande des enquêtes anthropologiques). Pour les sociologues Marianne Celka, Fabio La Rocca et Bertrand Vidal, les humanités environnementales sont donc « un domaine de recherches interdisciplinaires diversifié voué à l'étude et à l'analyse des interrelations et des intrications complexes entre l'activité humaine (culturelle, économique, politique et sociale) et l'environnement à partir de réflexions nécessairement renouvelées[4] ».

Au sein de cette arborescence que forment les humanités environnementales, l'analyse de discours joue un rôle important, grâce aux concepts et aux approches méthodologiques que ce livre a tenté de répertorier (analyse critique, ciblage des champs sémantiques, décryptage des représentations…). La chercheuse Céline Pascual Espuny[5] souligne à ce titre que l'étude de la communication et de la circulation de l'information permet de comprendre comment les individus construisent du sens à la fois dans leur rapport à la nature, à leurs cultures d'appartenance, à leurs attachements identitaires, au progrès, à la science, au vivant ou encore au temps. Cela est capital : savoir comment nous construisons du sens, c'est aussi comprendre la manière dont certaines *fake news* peuvent circuler, dont nous relativisons des bouleversements graves, et dont le récit du bouleversement climatique, dans son caractère hors norme, fait face au récit de ce que nous considérons *a contrario* comme normal – notre système économique, nos habitudes de consommation, etc. Savoir comment nous construisons du sens, c'est pouvoir construire des récits pertinents, qui touchent les autres, et qui font évoluer notre vision et nos habitudes face à l'urgence climatique.

---

4. Marianne Celka, Fabio La Rocca et Bertrand Vidal, « Introduction : penser les humanités environnementales », *Sociétés*, 2020, 148 (2), p. 5-9.

5. Céline Pascual Espuny, « La communication environnementale, au cœur des humanités environnementales », *Questions de communication*, 2022, 41 (1), p. 211-222.

Étude d'un cas concret : les capsules de café

Concrètement, qu'est-ce que cela veut dire ? Prenons un exemple simple, à savoir celui de la consommation de capsules de café, qui fait partie de notre vie quotidienne et induit un certain nombre d'habitudes rituelles – à la maison ou au travail. L'utilisation de ces capsules implique une grande variété de récits, d'imaginaires et de situations concrètes, souvent contradictoires :

– L'invention des machines à capsules de café relève d'imaginaires liés à l'innovation technologique, censée incarner le progrès et nous faciliter la vie tout en proposant des dégustations toujours plus qualitatives.

– Les capsules de café constituent des aberrations écologiques (de la chaîne de production des dosettes jusqu'aux difficultés liées à leur recyclage[6]) – aberrations souvent ignorées en raison de la facilité d'usage de ces objets.

– L'utilisation du café en lui-même inclut le transport des pays producteurs aux pays consommateurs (le café est le deuxième produit exporté au monde, derrière le pétrole[7]). Or ce transport est particulièrement polluant, comme le rappelle Planète Zéro Déchet[8].

– La culture du café est extrêmement gourmande en eau, elle mobilise des terres agricoles et enrichit d'énormes

6. Un rappel clairement exposé sur le site Rhapsody in Green : rhapsody-in.com/2019/01/25/le-cas-des-capsules-de-cafe-entre-pollution-et-greenwashing.

7. Rappel du site de l'Agence Ecofin : agenceecofin.com/dossier/3004-87767-sur-les-marches-agricoles-les-cartels-ne-font-pas-souvent-recette-l-exemple-du-cafe.

8. Voir planetezerodechet.fr/cafe-impact-environnement-alternatives-empreinte-carbone.

multinationales, comme Nestlé. De surcroît, elle repose sur des inégalités locales héritées des systèmes coloniaux et prolongées par le capitalisme néolibéral d'origine occidentale, à quoi on ajoute l'exploitation des producteurs et la privatisation d'économies nationales et régionales au profit de quelques entreprises[9].
– La plupart des recommandations en matière de café préconisent une diminution drastique de la consommation de ces capsules (d'autant que des alternatives locales au café existent, comme la chicorée ou des succédanés à base de céréales torréfiées).

Et la liste pourrait être encore étoffée – y compris en ce qui concerne la communication des marques de café (avec des messages qui éludent soigneusement les problématiques liées au climat ou à l'environnement) ou leur stratégie marketing (le packaging polluant notamment).

Les humanités environnementales peuvent jouer un rôle intéressant pour prendre du recul et permettre de comprendre toutes les implications sociales, économiques, politiques et culturelles qui pèsent sur des habitudes qui semblent souvent aller de soi, alors que ce sont de véritables normes construites auxquelles nous avons fini par nous accoutumer.

---

9. Pour aller plus loin, consulter l'éclairant éditorial de Bruno Parmentier pour *Futura Sciences* : futura-sciences.com/planete/actualites/environnement-gout-amer-exploitation-cafe-monde-edito-exclusif-bruno-parmentier-92933.

De ce point de vue, l'apport des humanités environnementales peut être le suivant :
– mettre en lumière les habitudes d'ordre culturel ou social qui empêchent nos comportements d'évoluer (notre attachement à certains choix alimentaires, par exemple) ;
– décrypter les stratégies de communication et de marketing qui maintiennent certaines habitudes de consommation ;
– comprendre les enjeux des acteurs politiques et économiques liés aux choix de certains modèles (les modèles énergétiques, par exemple) ;
– analyser les réalités économiques et financières de certaines filières écocidaires ;
– savoir délimiter les biais cognitifs ou psychologiques qui influencent nos perceptions et nos actions du point de vue écologique ;
– saisir les limites politiques ou législatives qui empêchent certaines prises de décision (comme la prolongation d'autorisation de certains pesticides).

Pour tout cela, il est aisé de comprendre qu'il faut non seulement mobiliser des champs d'études bien spécifiques, mais aussi les faire dialoguer entre eux pour embrasser toute la complexité des questions posées par l'urgence climatique.

Dépasser nos habitudes de pensée

Les humanités environnementales questionnent les stéréotypes et préconceptions qui nous ont menés là où nous en sommes ; elles nous invitent à les remettre en question, à les déconstruire et à être lucides sur leurs enjeux. Ce travail passe, entre autres, par des questionnements sur les représentations dualistes de nos sociétés, soit cette tendance à découper la réalité en deux ensembles systématiquement opposés, comme corps et esprit, nature et culture, ou encore humanité et reste du vivant. Pourquoi est-il important de remettre en question cette habitude de pensée ? Parce qu'en segmentant les choses de manière binaire, elle empêche de penser la complexité et les relations entre les éléments les plus divers – et, de manière plus générale, tout ce qui ne rentre pas dans les catégories simplistes.

Cette exigence, que l'on nomme « postdualiste » (qui conteste la position dualiste, soit notre capacité à toujours penser les choses de manière binaire) constitue l'un des axes les plus féconds des humanités environnementales. Il est d'ailleurs déjà discuté au sein de certaines disciplines[10], ce qui montre que l'ensemble des champs d'études est concerné par ces questions.

La mission humaniste du design

Le design, qui a émergé comme un mouvement de critique de la standardisation de la société industrielle à la fin

10. Marie-Anne Paveau, « La linguistique hors d'elle-même. Vers une postlinguistique », *Les Carnets du Cediscor*, 2018, 14, p. 104-110.

du XIXe siècle, propose de lier fonctionnalité et plaisir en considérant des objets qui s'inscrivent à la croisée de l'art et de la commodité. Ainsi, les productions des designers se sont progressivement démocratisées, et certains mouvements ont durablement marqué l'architecture et les arts, comme le Bauhaus.

Dans la vie quotidienne, le design touche tous les domaines : il est impliqué dans la conception des objets aussi variés que des machines à café (pour reprendre cet exemple), des chaises, des brosses à dents, des bouteilles de bière, des voitures, des smartphones… ou encore dans l'architecture. En bref, notre monde est sculpté par les pratiques du design.

Au-delà de ces précisions historiques sommaires[11], il est important d'aborder le design comme un acte de création et de conception, dont l'objectif est de proposer une solution à des besoins identifiés, en fonction d'un contexte donné (qui peut être social, culturel, éducatif, sanitaire, architectural, etc.).

Le design : un outil critique pour nos sociétés

Depuis quelque temps, les designers et les philosophes du design se sont posé de nombreuses questions sur leur rôle dans la société, leur utilité sociale et leur responsabilité dans l'économie consumériste dans laquelle nous

---

11. Pour approfondir l'histoire du design, voir notamment : Elizabeth Wilhilde, *Tout sur le design : panorama des mouvements et des chefs-d'œuvre*, Flammarion, 2017.

baignons. Cette autocritique a, par exemple, donné naissance à l'*Amsterdam Design Manifesto*[12] piloté par les designers néerlandais Mieke Gerritzen et Geert Lovink : ils soulignent la complicité du design dans l'expansion du capitalisme, mais également dans la prédation écologique. En effet, pour vendre du beau, il faut utiliser des matériaux, produire des déchets et souvent reproduire des systèmes de domination – un ensemble d'écueils qui devraient être pris en considération dès la phase de conception d'un produit, qu'il s'agisse d'un jouet pour enfant, d'un yaourt à la vanille ou d'un vélo.

Ainsi, le design constitue un acte politique, une responsabilité débouchant sur une remise en question face à la standardisation et à l'inflation du design dans tous les domaines – alors qu'il sert parfois au contraire à transformer des pratiques critiquables en leur donnant une apparence désirable (comme en rendant beau un bâtiment hébergeant un centre commercial). Dans ce sens, le design doit être pensé et agi en fonction de l'urgence climatique. En 2019, le théoricien du design Alain Findeli[13] précise que le design a pour objet de rendre le monde mieux habitable, de proposer de nouvelles expériences plus épanouissantes, plus libératrices, plus éthiques – tout en conservant sa dimension esthétique.

---

12. Mieke Gerritzen et Geert Lovink, *Made in China, designed in California, criticised in Europe: Amsterdam Design Manifesto*, The Image Society, 2019.

13. Alain Findeli, « *Searching for design research questions: Some conceptual clarifications* », *in* Rosan Chow, Wolfgang Jonas & Gesche Joost (éds.), *Questions, hypotheses & conjectures: Discussions on projects by early stage and senior design researchers*, Design research network/iUniverse, 2010, p. 278-293.

Répondre à l'urgence climatique par le design

Dominé par l'espèce humaine, le monde devient d'autant plus vulnérable et destructible que son « habitabilité » ne peut se faire au détriment des écosystèmes, de la biodiversité et de l'ensemble du vivant. Pour plusieurs chercheurs, le design porte une forte responsabilité face à l'urgence climatique[14] et il est urgent de requestionner sa pratique face à la période que nous traversons, que d'aucuns nomment « anthropocène » ou « capitalocène » (ère géologique qui se définirait à l'aune de l'économie capitaliste).

En outre, le design est le témoin des actions humaines et du potentiel de création positive que nous sommes toutes et tous capables de déployer. Cependant, cette capacité d'agir ne peut se faire de manière béate ou technosolutionniste ; elle nécessite de réancrer la pratique du design et de l'invention au cœur des liens indéfectibles avec les écosystèmes dont nous dépendons. Dans ce cas de figure, les discours et les récits n'échappent pas à la réflexion autour du design.

C'est ce que je propose de nommer « design narratif », soit le fait de pouvoir appliquer les principes d'un design plus écologique à des récits, construits avec et pour les humains d'aujourd'hui, afin qu'ils puissent se projeter dans le monde de demain, déjà bouleversé par d'innombrables mutations.

---

14. Emmanuel Bonnet, Diego Landivar, Alexandre Monnin et Laurence Allard, « Le design, une cosmologie sans monde face à l'Anthropocène », *Sciences du design*, 2019, 10 (2), p. 97-104.

Cette proposition part du principe suivant : les récits sont d'enthousiasmantes sources d'inspiration, qui nous permettent de penser notre capacité d'agir au sein d'un monde limité, le tout dans une relation équilibrée avec un écosystème. Bien évidemment, cela ne permettra pas d'empêcher les effets déjà annoncés du réchauffement climatique, mais au moins d'en limiter l'avancée et les dégâts potentiels.

L'urgence du design narratif

La posture proposée ici est de pouvoir lier analyse des récits et conception narrative ; il s'agit de partir de l'analyse critique des récits actuels, ainsi que de la compréhension de leurs enjeux, afin de prendre appui sur ces derniers pour proposer de nouvelles trames narratives. Dans une étude réalisée pour le compte de Komons et Open Society Foundations et accessible en ligne[15], j'ai exploré la manière dont les récits autour du climat et de l'environnement évoluaient en France, pendant le premier quinquennat d'Emmanuel Macron. Au-delà des types de discours déjà exposés, il est clair que plusieurs thématiques animaient des récits distincts, parmi lesquels :

– la prise de conscience de la réalité du réchauffement climatique ;

15. Albin Wagener, « Climat et environnement en France (2017-2022). Analyse de narratifs et discours en ligne », Impakt Faktor, Komons / Open Society Foundations, 2022. Voir sysdiscours.hypotheses.org/1038.

– l'importance des stimulations positives (notamment d'initiatives locales qui fonctionnent et qui permettent de lutter efficacement contre certaines conséquences du réchauffement climatique) ;
– les attentes concernant la place de l'action politique ;
– les questionnements souvent négatifs sur des sujets industriels et technologiques, comme les véhicules électriques ;
– la nécessité de débattre dans le cadre démocratique ;
– le besoin d'interroger le modèle alimentaire et agricole ;
– les questions liées à la production énergétique ;
– les effets concrets, mesurables et locaux du changement climatique ;
– la nécessité de penser les liens entre humain, vivant et écosystèmes ;
– l'importance des figures qui incarnent l'écologie en France.

L'intérêt de cette analyse thématique est simple : elle nous permet de voir quels sont les récits majoritaires en circulation dans l'espace public et comment les citoyens s'en emparent. Le fait, par exemple, de souligner la sensibilité à des stimulations positives montre qu'il est possible de mettre l'accent sur des récits stimulants, capables de dépasser les conséquences négatives de l'urgence climatique. On retrouve aussi l'importance du modèle agricole, et donc du rapport à l'alimentation, la méfiance face aux enjeux industriels, ou encore le besoin de figures identifiables pour porter ces récits.

Tout cela n'a rien d'anodin : pour construire un récit capable d'embarquer les individus, il faut prendre appui sur là où ces individus en sont, à savoir leurs centres d'intérêt, leurs désirs, leurs craintes, leurs plaisirs et leurs indignations. Proposer de nouveaux récits *ex nihilo*, sans tenir compte du vécu et de l'expérience des individus, c'est s'assurer de ne pas réussir à mobilier. Cela vaut ici pour la France, mais doit pouvoir valoir pour tous les pays, afin de comparer les points de convergence et de divergence entre ces pays. En bref, il y aurait matière à constituer un véritable observatoire mondial des récits climatiques.

Le récit : un besoin au cœur de l'aventure humaine

Quelles que soient les sociétés, les humains ont besoin de se raconter des histoires. Dès notre plus tendre enfance, les récits structurent notre rapport au réel, aux autres, au monde des rêves ou à la mort. L'urgence climatique est le moment de réécrire de nouveaux récits pour un monde qui va changer de manière drastique, et nous forcera à repenser le sens de nos constructions sociales (y compris le fonctionnement politique de nos démocraties), de nos rapports aux autres et de notre relation à la planète. Pour cela, plusieurs pistes sont possibles, en fonction de nos vulnérabilités et de nos imperfections, mais aussi en fonction de nos envies et de nos enthousiasmes.

Même si ces derniers changent dans les années à venir, ils répondent à des besoins humains fondamentaux : se nourrir, comprendre notre place dans le monde, s'organiser politiquement, se déplacer, se loger, faire fonctionner le quotidien et s'identifier à des modèles. Toutes ces dimensions doivent être impérativement pensées en lien avec l'urgence climatique, comme le font déjà certains designers[16]. Toutes ces dimensions sont autant de points d'ancrage qui nous placent face à nous-mêmes, en tant qu'humains dont les actions ont des impacts forts sur tout ce qui se trouve autour de nous.

Analyser des discours est une chose ; en concevoir de nouveaux en est une autre. L'urgence climatique impactant toutes les régions du monde, sans distinction de culture, de langue, de nationalité, d'identité, de genre, de classe, d'âge ou de couleur de peau, ces récits doivent impérativement s'ancrer dans un dialogue interculturel – d'autant que l'on sait déjà que plusieurs sociétés, et donc plusieurs langues et visions du monde, vont disparaître en raison du réchauffement planétaire, comme le rappellent le *Manifeste pour la diversité biculturelle*[17] ou encore le destin tragique de plusieurs nations du Pacifique (dont l'archipel de Tuvalu

16. Voir, notamment, la série de portraits d'IDEAT sur le sujet : ideat.fr/designers-green-2-3-6-createurs-au-service-de-lecologie ou encore cet article du journal *Le Monde* : lemonde.fr/m-styles/article/2022/09/28/soucieux-d-ecologie-de-jeunes-designers-vont-droit-aux-rebuts_6143551_4497319.html.

17. Voir biocultural-diversity.org.

ou les îles Marshall[18]). Écrire un récit mondial, c'est aussi convaincre tout le monde d'agir, de préserver ce qui peut l'être et de limiter les catastrophes qui ne touchent pas que les humains – mais l'ensemble du vivant dont nous faisons partie.

Impossible d'imaginer un avenir alternatif en pensant que nous pourrons continuer de consommer et de produire comme nous le faisons maintenant, alors que des pays entiers se trouvent menacés. Le projet d'un design narratif climatique est donc forcément mondial, critique du système actuel, et sensible aux questions de justice sociale. Un tel engagement critique et créatif nécessite des remises en question variées, comme celles proposées par les réflexions autour de l'éthique du *care*, en lien avec les travaux de la philosophe Sandra Laugier[19], ou encore par l'écoféminisme, représenté entre autres par Vandana Shiva[20]. Cette militante indienne se bat depuis plusieurs années contre les multinationales qui détruisent les droits humains et les écosystèmes en appauvrissant les petits paysans et en empêchant l'autosuffisance alimentaire – ce qui se fait toujours au détriment des femmes, qui se retrouvent exploitées, isolées ou incapables de s'éduquer. Le défi est vaste, puisqu'il exige de prendre en considération une multitude de situations locales, qui touchent à des populations aux habitudes

18. Voir notamment cet article d'*Ouest-France* : ouest-france.fr/leditiondusoir/2022-10-13/d-ici-2100-ces-minuscules-pays-insulaires-risquent-d-etre-totalement-engloutis-par-les-eaux.

19. Sandra Laugier, « *Care*, environnement et éthique globale », *Cahiers du genre*, 2015, 59 (2), p. 127-152.

20. Vandana Shiva, *Staying alive: Women, ecology, and development*, Frog, 2016.

variées, avec des réalités culturelles, sociales, éducatives et alimentaires très différentes. Un tel engagement demande du temps, mais également beaucoup d'humilité pour pouvoir encourager le dialogue entre les peuples – tous touchés, d'une façon ou d'une autre, par les conséquences du réchauffement climatique. L'urgence est là – et elle nous oblige, toutes et tous, sans exception.

EXPÉRIENCE 11

Autour de vous, lorsque le sujet du réchauffement climatique émerge dans les conversations, essayez de voir par quelle porte d'entrée celui-ci arrive. Comment en parle-t-on, sur quels sujets prend-on appui ? Parle-t-on des transports collectifs, du véganisme, de l'élevage intensif, des énergies renouvelables ou des enjeux de décarbonation ? Chaque personne adore ou rejette certains sujets. Il est important de les identifier, de décrypter les enjeux derrière ces réactions épidermiques, les attachements culturels et affectifs, afin de pouvoir les incorporer dans des récits plus larges, qui permettent de dépasser les peurs et d'envisager de nouvelles constructions narratives.

Observez qui parle et au nom de quoi : est-ce que votre pote bon vivant s'offusque du fait que les discours écolos restreignent son envie de viande de bœuf ? Est-ce que votre cousin ingénieur critique la sobriété en expliquant que ce sont les innovations technologiques qui nous sauveront ? Ou bien est-ce votre oncle climatosceptique qui explique que les variations de température ont toujours existé ? Tous ont ici des craintes légitimes exploitées par des discours qui les dépassent : remettre la conversation sur le terrain culturel et affectif constitue une étape importante pour créer du commun.

Pour la viande, par exemple, essayez d'isoler les enjeux suivants avec la personne réfractaire à une diminution de sa consommation :
– Quel est le rapport de cette personne au goût de la viande, à sa texture ?
– Quelles sont ses habitudes de consommation et d'où viennent-elles ?
– Quels sont les autres produits alimentaires susceptibles de lui plaire ?
– Quel est le rapport de votre interlocuteur aux animaux, à l'élevage ? Comment considère-t-il les pratiques d'élevage ?
– Que pense-t-il plus généralement du modèle agricole et d'alimentation ?
– Quels sont les arguments qui l'irritent, concernant la réduction de consommation de viande ?

En déployant ces questions, vous permettez à la personne de parler, d'exprimer son ressenti, et de faire sortir tout le tissu social, économique et culturel qui conditionne sa pratique. Ce genre de question ne fonctionne pas seulement pour l'alimentation, bien sûr : elles valent également pour interroger le rapport aux emballages, à la consommation de produits pas toujours très utiles, ou encore les choix en matière de mobilité.
N'hésitez pas à consigner les sujets qui reviennent le plus souvent dans un petit carnet ; ceux-ci sont peut-être les pistes d'un récit à écrire et de discours à incarner !
Mais attention, il faut également prendre garde à ne pas culpabiliser les individus en faisant reposer l'intégralité du changement climatique sur leurs épaules : il s'agit de faire prendre conscience du fait que les habitudes peuvent être changées, et qu'elles sont reliées à des enjeux bien plus vastes, qui dépassent ce que nous considérons comme étant des choix purement individuels.

À RETENIR DE CE CHAPITRE

- Faire face aux enjeux du réchauffement climatique nécessite une posture interdisciplinaire, qui inclut les sciences humaines et sociales, en plus des sciences dites « dures » qui étudient et analysent l'avancée du changement climatique.

- Les humanités environnementales permettent une critique des récits qui affectent l'urgence climatique, dans toutes leurs dimensions (économique, sociale, culturelle, politique…) – et cela commence par les habitudes les plus anodines de notre quotidien.

- Le design, en tant que pratique réflexive et philosophie, propose également des outils qui encouragent la conception et la création, tout en les ancrant dans une relation fondamentale avec les écosystèmes (on ne fabrique pas sans penser la fabrication en amont).

- La construction d'un récit fédérateur, mondial, autour de l'urgence climatique représente l'une des urgences fondamentales auxquelles l'espèce humaine doit faire face, afin de permettre de réévaluer sa place dans le monde, sa définition de l'environnement ou de la nature, et de répondre aux défis qui se présentent à elle.

CONCLUSION : PLAIDOYER POUR UN NOUVEAU RÉCIT CLIMATIQUE

Comment rendre l'avenir désirable dans un présent angoissant ? Comment donner envie d'avancer vers un horizon incertain, que tous s'accordent à décrire, étude après étude, rapport après rapport, comme de plus en plus sombre ? Comment mobiliser et motiver face à un bouleversement qui paraît aussi violent qu'inéluctable ? Dans la période que nous traversons, les récits qui structurent notre rapport à ces changements sont infiniment variés, explosés en une multitude de projections et de stratégies discursives : certains butent sur des points de non-retour, d'autres ouvrent de nouveaux chemins à explorer, certains ne souffrent aucune classification et serpentent sans cohérence dans la société, d'autres sont encore à inventer.

Discours et imaginaires

Le but de cet ouvrage était clair : analyser les grandes tendances qui animent les discours autour du climat dans les sphères médiatique, politique et sur les réseaux sociaux en tant qu'espace public, pour en expliquer les ressorts rhétoriques, les stratégies argumentatives et les enjeux.

Pour rappel, nous avons proposé de décrire, de façon non exhaustive, les typologies de discours suivantes :
– les différentes formes de climatoscepticisme, qui nient l'origine humaine du réchauffement ou en minimisent les conséquences ;
– la bouffopolitique, ou le rôle culturel de l'alimentation dans notre rapport aux exigences environnementales et écologiques, et la manière dont ce rôle est transformé en objet de controverses politiques ;
– les discours médiatiques en circulation dans l'espace public, qui démontrent la difficulté des médias traditionnels à informer et sensibiliser ;
– le greenwashing, qui consiste, pour une entreprise, à travestir la réalité des mesures écologiques et à communiquer auprès du public pour faire croire à un positionnement vert ;

– la dimension climatique dans les politiques publiques, et la manière dont les discours officiels s'emparent de la question (institutions internationales, agences territoriales, communication gouvernementale, etc.) ;
– le technosolutionnisme, qui voit dans l'innovation technologique le remède aux conséquences du réchauffement climatique, sans jamais s'attarder sur les causes systémiques de ce réchauffement ;
– le colibrisme, qui fait le pari de la multitude des actions individuelles, en faisant peser l'intégralité de la responsabilité climatique sur les personnes ;
– la collapsologie, qui prend acte de l'effondrement de nos sociétés en raison de l'urgence climatique, sans proposer de solutions pour endiguer la crise ;
– ou encore l'activisme climatique et toutes les nouvelles formes de sensibilisation, plus ou moins radicales, qui permettent de rendre plus visible la crise climatique.

La plupart du temps, nous empruntons tous certains éléments de langage à ces discours, sans toujours en maîtriser les implications, et sans épouser la totalité de leurs préceptes. Ainsi, nous pouvons espérer que la technologie nous sauvera, penser que l'effondrement est proche ou encore prendre le parti de l'engagement individuel pour résoudre la crise. Nous sommes perdus dans un univers narratif protéiforme, sorte de gigantesque et bruyant atelier d'écriture à ciel ouvert. Nous faisons comme nous pouvons, de manière imparfaite. En prenant appui sur l'analyse de discours, ce livre veut justement comprendre les enjeux qui se dissimulent derrière ce grand enchevêtrement de récits. Le défi est d'autant plus important qu'il a lieu dans un environnement médiatique qui souffre de ce qu'on appelle l'« écobésité informationnelle[1] » (expression inventée par le chercheur Andreas Eriksson pour désigner la surcharge d'informations à propos de l'urgence climatique), qui risque de lasser plutôt que de stimuler.

Pourtant, malgré le parasitage de ce grand bruit discursif, entre brouhaha médiatique et surcharge informationnelle, l'urgence est là : elle se matérialise devant nous, jour après jour. Elle provoque des catastrophes, parfois sur nos terres, parfois dans des pays si éloignés des nôtres que le réchauffement climatique semble être une horreur lointaine – même s'il s'agit bien sûr d'une illusion. Notre naïveté coupable ne résoudra rien, ni le repli sur soi dû à l'écoanxiété : les actions militantes nous rappellent qu'il faut sortir la tête du sable et ne pas faiblir. Les études scientifiques, du GIEC et d'ailleurs, ne font que confirmer la réalité matérielle de cette urgence. Nous pouvons parler autant que nous voulons et utiliser des stratégies d'évitement, les conséquences sont bien concrètes.

---

1. Eriksson Andreas, *Dire et faire la « transition écologique » : des dissonances à la résonance. Une recherche-action avec les acteurs associatifs de l'éducation à l'environnement en Occitanie*, Thèse en sciences de l'information et de la communication sous la direction de Pascal Marchand, Université Toulouse 3 – Paul-Sabatier, 2022.

Donner du sens à l'urgence

Alors que nous savons que les années à venir porteront avec elles leur lot de catastrophes, de morts, de déplacés, de blessés, de mouvements de foule, de crises politiques, de sursauts autoritaristes et de pénuries alimentaires, l'espèce humaine doit réagir. Déjà, en limitant les émissions de gaz à effet de serre et en tentant de contenir la hausse des températures à la surface du globe, bien sûr. Mais pour que les individus vivants (humains et non humains) morts à cause du réchauffement climatique ne constituent pas de vains sacrifices, il est capital également de retrouver du sens.

Cette recherche de sens doit nous permettre de comprendre quelle est notre place réelle sur cette planète, en nous reconnectant à nous-mêmes, tout comme à l'intégralité de ce qui existe et vit sur cette planète. Dans cette configuration, les actes comptent bien plus que les discours, mais notre espèce est ainsi faite qu'elle a besoin de se raconter des histoires pour trouver sa place dans le monde, avancer et repenser sa manière d'être et d'agir. Il s'agit en outre de prendre enfin en compte une dimension fondamentale du problème : le système économique, politique et industriel à l'origine de l'urgence climatique, soit le capitalisme fossile et sa société de consommation auxquels nous sommes littéralement « accros ». Cette addiction, il faut désormais la traiter, et faire tout le nécessaire pour s'en libérer et en débarrasser la planète.

Écrire une nouvelle histoire

C'est ainsi que l'urgence de notre proposition, celle du « design narratif », doit être comprise. Elle ne consiste pas dans la création d'opérations de communication artificielles, ou de discours chargés de manipuler les foules. Il s'agit d'écrire une histoire qui emporte et fédère nos sociétés au lieu de les disloquer, pour imaginer une nouvelle manière d'exister et de vivre dans un monde qui va devenir plus incertain – dans le sens où les repères que nous avions jusqu'ici vont tous être profondément bouleversés, les uns après les autres. Faire sens de ces bouleversements est primordial si nous voulons à la fois survivre et aider le reste du vivant à survivre avec nous. Jusqu'à présent, nous n'y sommes pas parvenus, parce que nous avons écrit notre histoire comme si nous étions des démiurges, des demi-dieux en position de surplomb face à un monde à dominer, face à des ressources à extraire, face à une nature à exploiter.

Nous devons donc en finir avec le bavardage climatique, parce que même si la polyphonie des discours est particulièrement intéressante pour comprendre le moment de confusion que nous traversons, il est important de tisser des liens entre ces récits. Dans l'espace public comme dans la sphère privée, les discours sur la nourriture, sur les solutions technologiques ou sur les efforts individuels se côtoient et s'entremêlent : il est désormais urgent de comprendre ce qui les relie pour expliquer l'attachement à certaines pratiques, les réactions épidermiques qu'elles suscitent, les habitudes culturellement ancrées. Ces récits s'incarnent dans des réalités très variées : des moments de discussion, des conversations anodines, des actions locales, des œuvres artistiques, des créations artisanales et une multitude d'autres choses encore, qui nous permettent de nous retrouver, individuellement, collectivement, à l'échelle locale ou internationale.

« Le » grand récit, notre nouvelle histoire, en revanche, c'est à nous de l'écrire. Malgré l'urgence climatique dont nous sommes responsables, nous sommes aussi susceptibles de rendre le monde meilleur. Il s'agit maintenant d'en montrer la pleine puissance, et de changer le cours des choses. Faisons le pari que nous en sommes toutes et tous capables.

BIBLIOGRAPHIE

- ALEXANDER R., *Framing Discourse on the Environment: A Critical Discourse Approach,* Routledge, 2009.
- BARTHÉLÉMY J.-H. ET DUHEM L., *Écologie et technologie : redéfinir le progrès après Simondon*, Matériologiques, 2022.
- BENHABIB S., *The claims of culture. Equality and diversity in the global era*, Princeton University Press, 2002.
- BERNERS-LEE M., *There is no planet B. A handbook for the make or break years,* Cambridge University Press, 2019.
- BIHOUIX P., « Le mythe de la technologie salvatrice », *Esprit*, 2017 (3/4), p. 98-106.
- BLANC G., DEMEULENAERE É. ET FEUERHAHN W., *Humanités environnementales. Enquêtes et contre-enquêtes*, Éditions de la Sorbonne, 2017.

• Bonnet V. et Geslin A. (éds), « Les mots de l'écologie », *Mots. Les langages du politique*, ENS Éditions, 2019, 119 (1).

• Bowen F., *After greenwashing: symbolic corporate environmentalism and society,* Cambridge University Press, 2014.

• Bowman T., Maibach E., Mann M., Moser S. et Somerville R., *« Creating a common climate language »*, *Science*, 2009, 324 (5923), p. 36-37.

• Boykoff M., *Who speaks for the climate? Making sense of media reporting on climate change,* Cambridge University Press, 2011.

• Charbonnier P., *Abondance et liberté. Une histoire environnementale des idées politiques,* La Découverte, 2020.

• Chomsky N. et Herman E., *La fabrication du consentement. De la propagande médiatique en démocratie,* Agone, 2008.

• Choné A., Hajet I. et Hamman P., *Guide des humanités environnementales,* Presses universitaires du Septentrion, 2016.

• Correia M., *Criminels climatiques,* La Découverte, 2022.

• Dagget C. N., *The birth of energy: Fossil fuels, thermodynamics, and the politics of work,* Duke University Press, 2019.

• D'Eaubonne F., *Écologie, féminisme : révolution ou mutation ?,* Libre et solidaire éditeur, 1978.

• Demonsant C., Hatchuel A., Levillain K. et Segrestin B., « De la ressource commune au péril commun : repenser nos modèles de l'action climatique », *Revue de l'organisation responsable*, 2021, 16 (3), p. 57-67.

• Descola P., *Par-delà nature et culture,* Gallimard, 2005.

• Dubiau A., *Ecofascismes,* Grevis, 2022.

• Dunlap R. et Jacques P., *« Climate change denial books and conservative think tanks: Exploring the connection »*, *American Behavioral Scientist*, 2013, LVII (6), p. 699-731.

• Fairclough N., *Discourse and Social Change,* Polity Press, 1992.

• Fløttum K., *The role of language in the climate change debate,* Routledge, 2019.

• Flusser V., *Petite philosophie du design,* Circé, 2002.

• Fracchiolla B., « Écologie et environnement : des mots aux discours. Mises en perspective historiques et discursives », *Mots. Les langages du politique, 119*, 2019.

• Giroux V. et Larue R., *Le Véganisme,* Puf, 2019.

• Hardy A., « Quel discours face à l'urgence écologique ? », *Esprit*, 2020 (6), p. 135-140.

• Hugol-Gential C., *Bien et bon à manger. Penser notre alimentation du quotidien à l'institution,* Éditions Universitaires de Dijon, 2018.

• Jørgensen M. et Phillips L., *Discourse analysis as theory and method,* Sage, 2002.

- Latour B., *Face à Gaïa : huit conférences sur le nouveau régime climatique,* La Découverte, 2015.
- Latour B. et Schultz N., *Mémo sur la nouvelle classe écologique,* La Découverte, 2022.
- Lever-Tracy C., *Routledge handbook of climate change and society,* Routledge, 2010.
- Libaert T., *Communication et environnement, le pacte impossible,* Puf, 2010.
- Malka A., Krosnick J. et Langer G., « *The association of knowledge with concern about global warming: Trusted information sources shape public thinking* », *Risk analysis*, 2009, 29 (5), p. 633-647.
- Munshi D. et Kurian P., « *Imperializing spin cycles: A postcolonial look at public relations, greenwashing, and the separation of publics* », *Public relations review*, 2005, 31, p. 513-520.
- Oreskes N. et Conway E., *Merchants of doubt: How a handful of scientists obscured the truth on issues from tobacco smoke to climate change,* Bloomsbury Press, 2010.
- Painter J., *Climate change in the media. Reporting risk and uncertainty,* I.B. Tauris, 2013.
- Parham J., *Green media and popular culture: An introduction,* Palgrave Macmillan, 2016.
- Parsons G., *The philosophy of design,* Polity, 2016.

• SACHSMAN D. ET MYER VALENTI J., *Routledge handbook of environmental journalism*, Routledge, 2020.

• SHIVA V., *Staying alive: Women, ecology, and development*, Frog, 2016.

• STEG L., « *Limiting climate change requires research on climate action* », *Nature climate change*, 2018, 8, p. 759-761.

• TORDJMAN H., *La croissance verte contre la nature. Critique de l'écologie marchande*, La Découverte, 2021.

• USCINSKI J. ET OLIVELLA S., « *The conditional effect of conspiracy thinking on attitudes toward climate change* », *Research & Politics*, 2017, 4 (4).

• USHER M., « *Defending and transcending local identity through environmental discourse* », *Environmental politics*, 2013, 22 (5), p. 811-831.

• WAGENER A., *Discours et système. Théorie systémique du discours et analyse des représentations*, Peter Lang, 2019.

• WAGENER A., *Écoarchie. Manifeste pour la fin des démocraties capitalistes néolibérales*, Éditions du Croquant, 2021.

• WAGENER A., « Climat et environnement en France (2017-2022). Analyse de narratifs et discours en ligne », Impakt Faktor, Komons / Open Society Foundations, 2022, voir sysdiscours.hypotheses.org/1038.

• Whitmarsh L., Lorenzoni I, O'Neill S., *Engaging the public with climate change. Behaviour change and communication,* Taylor & Francis, 2011.

• Wodak R. et Meyer M., *Methods of critical discourse analysis,* Sage, 2009.

• Wolf J., « *Climate change adaptation as a social process* », *in* J. Ford et L. Berrang-Ford (éds.), *Climate change adaptation in developed nations*, Springer, 2011, p. 21-32.

• Wouters R., « *The persuasive power of protest. How protest wins public support* », *Social forces*, 2019, 98 (1), p. 403-426.

TABLE DES MATIÈRES

Ce livre est imprimé sur du papier
issu de forêts gérées durablement.

Cet ouvrage a été achevé d'imprimer en février 2023
dans les ateliers de Normandie Roto Impression s.a.s.
61250 Lonrai
N° d'imprimeur : 2300336
Dépôt légal : mars 2023
N° d'éditeur : 372172/10287512

Imprimé en France